Comportamento humano nas organizações

SÉRIE ADMINISTRAÇÃO E NEGÓCIOS

Neide Pérsico
Sonia Beatriz Bagatini

Comportamento humano nas organizações

EDITORA
intersaberes

Rua Clara Vendramin, 58 . Mossunguê
CEP 81200170 . Curitiba . PR . Brasil
Fone: (41) 2106-4170
www.intersaberes.com
editora@editoraintersaberes.com.br

Conselho editorial
Dr. Ivo José Both (presidente)
Drª. Elena Godoy
Dr. Nelson Luís Dias
Dr. Neri dos Santos
Dr. Ulf Gregor Baranow

Editora-chefe
Lindsay Azambuja

Supervisora editorial
Ariadne Nunes Wenger

Analista editorial
Ariel Martins

Projeto gráfico
Raphael Bernadelli

Capa
Lado B (Marco Mazzarotto)

Fotografias da Capa
PantherMedia

1ª edição, 2013.

Foi feito o depósito legal.

Informamos que é de inteira responsabilidade das autoras a emissão de conceitos.

Nenhuma parte desta publicação poderá ser reproduzida por qualquer meio ou forma sem a prévia autorização da Editora InterSaberes.

A violação dos direitos autorais é crime estabelecido na Lei n. 9.610/1998 e punido pelo art. 184 do Código Penal.

Dados Internacionais de Catalogação na Publicação (CIP)
(Câmara Brasileira do Livro, SP, Brasil)

Pérsico, Neide
 Comportamento humano nas organizações/Neide Pérsico, Sonia Beatriz Bagatini. – Curitiba: InterSaberes, 2013. – (Série Administração e Negócios).

 Bibliografia.
 ISBN 978-85-8212-727-8

 1. Administração 2. Administração de projetos 3. Comportamento humano 4. Cultura 5. Cultura organizacional 6. Estresse do trabalho 7. Gestão do conhecimento I. Bagatini, Sonia Beatriz. II. Título. III. Série.

12-14601   CDD-658

Índices para catálogo sistemático:
 1. Administração 658

Sumário

Apresentação, VII

(1) As organizações, 11
    1.1   Conceito de organização, 16
    1.2   Evolução das organizações, 17

(2) Comportamento organizacional aparente e subjacente, 29
    2.1   Comportamento aparente, 33
    2.2   Comportamento subjacente, 35

(**3**) Cultura organizacional, 51

    3.1   Introdução à cultura organizacional, 54

    3.2   Elementos da cultura, 59

(**4**) Comportamento e processos inconscientes, 71

    4.1   A organização como cenário para a vivência de processos inconscientes, 75

    4.2   Processos inconscientes vividos nas organizações, 85

(**5**) Personalidade e motivação, 91

    5.1   Personalidade, 94

    5.2   Motivação, 103

(**6**) Relacionamento interpessoal nas organizações, 111

    6.1   As bases do relacionamento interpessoal, 114

    6.2   As diferenças individuais, 119

    6.3   A interação social, 121

    6.4   Necessidades de inclusão, controle e afeição, 124

(**7**) Poder e liderança, 129

    7.1   História e definições do poder, 132

    7.2   O poder nas organizações, 136

    7.3   História e definições de liderança, 139

    7.4   Liderança e contemporaneidade, 142

(**8**) Planejamento e empreendedorismo, 149

    8.1   Definições de planejamento, 152

    8.2   Importância do planejamento para o sucesso profissional e organizacional, 154

    8.3   Definição de empreendedorismo, 155

    8.4   Características do empreendedor, 157

Referências, 167

Gabarito, 169

Apresentação

Na sociedade contemporânea, somos cercados por organizações, das quais dependemos em diferentes aspectos da nossa vida. Podemos dizer que, em se tratando de trabalho, todos atuam ou virão a atuar em ou com organizações.

As novas tecnologias e as transformações sociais causaram mudanças significativas na vida das pessoas, exigindo destas que possuam determinadas características e habilidades, conhecimento técnico e domínio dos recursos tecnológicos da informática. Paralelamente a essa exigência de mercado, surgem organizações com novas configurações e, consequentemente, a demanda de que os indivíduos apresentem competências sociais e habilidades para o relacionamento interpessoal. Conhecer o comportamento humano e sua manifestação no ambiente organizacional, o que influencia diretamente a consolidação do comportamento organizacional, é o objetivo principal desta disciplina.

Esta obra propõe uma análise do comportamento organizacional nos aspectos psicológico e social, dando ênfase à interação das organizações com o elemento humano e aos impactos do funcionamento daquelas nesse processo.

Primeiramente, são abordados, no primeiro capítulo, a evolução das organizações e os principais modelos adotados no gerenciamento das pessoas a partir da Revolução Industrial até os dias atuais.

Nos segundo e terceiro capítulos, é realizada uma análise dos comportamentos objetivo (conhecido) e subjetivo (oculto), bem como da cultura organizacional como expressão da identidade e da personalidade da organização e de suas manifestações por meio de crenças, valores, rituais, normas, tabus, histórias, heróis e formas de comunicação.

Os capítulos posteriores são dedicados à explanação do comportamento humano e de suas manifestações no cenário organizacional. O quarto capítulo, então, trata a organização como cenário para vivências de processos psíquicos inconscientes, em suas diferentes formas de apresentação, como transferência, idealização e identificação.

O quinto capítulo abrange a importante questão da formação da personalidade dos indivíduos e as motivações que levam as pessoas a agirem em busca de satisfazerem suas necessidades e realizarem seus desejos.

O relacionamento interpessoal, examinado no sexto capítulo, tem sua origem identificada no desenvolvimento do ser humano, essencial para a relação entre todos os grupos – familiares, sociais, religiosos e de trabalho, no contexto das organizações. Ao fazer parte de um grupo, cada indivíduo passa por necessidades que caracterizam a interação social, sendo que cada uma delas aponta para a identidade do grupo, para suas implicações quanto à compreensão do funcionamento deste mesmo grupo e para a relação desse funcionamento com os resultados que a organização quer atingir.

O estudo do poder, no sétimo capítulo, apresenta um modo de defini-lo e de compreender sua estrutura pela perspectiva de sua constituição psicológica durante cada uma das formas de organização e desenvolvimento humano que surgiram na história. Há diferentes fontes de poder nas organizações: algumas conhecidas e aceitas; outras não reconhecidas, mas que atuam dando uma dinâmica às relações de poder. A liderança, como um poder formal, é definida e caracterizada na atualidade e nela se identificam as marcas do líder e sua importância no dia a dia das organizações.

O planejamento, como função básica da administração, e seu reflexo para o sucesso pessoal e organizacional, bem como o perfil empreendedor como núcleo do desenvolvimento pessoal e profissional são apresentados no oitavo capítulo.

Para você que busca a excelência no que faz, esperamos que esta obra possibilite a assimilação das novas configurações das organizações, de modo que sirvam de cenário para o sucesso em todos os setores – familiar, social e de trabalho.

(1)

As organizações

Neide Pérsico é graduada em Psicologia pela Universidade do Vale do Rio dos Sinos (Unisinos) e especialista em Psicologia da Educação pela Pontifícia Universidade Católica do Rio Grande do Sul (PUCRS) e em Gestão de Recursos Humanos pela Unisinos. Atua há 22 anos em empresas de grande e médio porte, nas áreas de desenvolvimento estratégico, desenvolvimento de pessoal e seleção de pessoas.

Neide Pérsico

Vivemos em uma sociedade formada por organizações. Elas estão tão presentes na vida das pessoas que os indivíduos nascem, crescem, aprendem, trabalham, morrem e são codificados em organizações. Um hospital, uma escola, uma companhia de energia elétrica são exemplos da presença delas em nosso dia a dia.

Elas desempenham um importante papel em nosso cotidiano, de modo inédito. Estão presentes no nosso nascimento, em hospitais, no registro que recebemos de organizações governamentais e, também, no momento em que morremos.

Quando usamos o telefone, ligamos a TV, andamos de trem, estamos em contato com organizações e delas dependemos. As atividades relacionadas com a produção de bens e a prestação de serviços são realizadas e/ou controladas por elas – que são compostas por tecnologia, recursos materiais e pessoas.

Nesse sentido, assim como a vida das pessoas depende das organizações, estas dependem do trabalho daquelas.

Mas, nem sempre foi assim. Até o século XVIII, não havia fábricas, a agricultura era a principal atividade e quem trabalhava nas terras dos senhores feudais pagava o seu uso com parte da colheita. Outras pessoas trabalhavam em oficinas, em suas propriedades e eram donos de seus próprios negócios: sapateiros, alfaiates, artesãos etc. A produção era personalizada atendia às necessidades e aos desejos de cada cliente.

A Revolução Industrial gerou uma mudança significativa em toda a sociedade; não só no sentido econômico, mas também na forma de viver. Surgiram as indústrias, formaram-se novas cidades. Os aglomerados de pessoas eram pequenos, inicialmente, mas a população começou a crescer e, o trabalho em oficinas, a desaparecer. Surgiu a classe operária, uma novidade, pois, até então, as pessoas não trabalhavam por salário.

Inicialmente, as fábricas se situavam em áreas rurais, próximas às margens de rios usados pelas populações para suas atividades. Perto deles surgiam casas, oficinas, hospedarias, igrejas etc. A mão de obra era recrutada em casas de correção ou asilos, e os contratos de trabalho eram de longo tempo, como forma de fixar os empregados.

Posteriormente as fábricas passaram a se localizar nos arredores das cidades. As indústrias se apresentavam como construções gigantes, que expeliam fumaça e acinzentavam as cidades; seus apitos eram ouvidos por todos e marcavam sua presença e seu controle. O ambiente das indústrias era insalubre, as condições de trabalho inadequadas e a ventilação e a iluminação escassas. Os baixos salários levavam os trabalhadores a morarem em porões e a se amontoarem em quartos com más condições de higiene.

Em decorrência da industrialização, portanto, as cidades tornaram-se feias e envoltas em uma atmosfera fumacenta. Um grande número de pessoas saiu do campo e migrou para perto das indústrias, provocando a urbanização.

Também o desenvolvimento dos meios de comunicação e transporte sofreu uma aceleração: surgiram os trens, o telégrafo, o selo, o telefone, levando a um avanço econômico, social, tecnológico e industrial.

Além do aparecimento das fábricas e das empresas, da substituição do artesão pelo operário especializado e do crescimento das cidades, a Revolução Industrial provocou o surgimento dos sindicatos e instigou o início do marxismo, em função da exploração do capital, e as primeiras experiências em torno da administração de empresas.

A principal mudança quanto à concepção do trabalho foi a substituição da habilidade do artesão pela máquina, ou da força do homem pela força da máquina, o que resultou em maior rapidez, maior quantidade e qualidade, reduzindo tempos de produção.

(1.1)
Conceito de organização

O que se entende por organização tem evoluído ao longo dos anos.

Segundo Chiavenato (2000, p. 225), "As organizações são concebidas como 'unidades sociais' (ou agrupamentos humanos) intencionalmente construídas e reconstruídas, a fim de atingir objetivos específicos".

O autor cita, também, a opinião de dois outros autores sobre o tema. Schein relaciona características de uma organização da seguinte forma:

- é um sistema que interage com o meio;
- tem objetivos definidos;
- é formada por subsistemas interdependentes;
- o ambiente organizacional é dinâmico;
- por vezes é difícil estabelecer os limites entre a organização e o ambiente.

Já para Etizione, as organizações contam com as seguintes características, que podem apresentar-se em maior ou menor grau:

- hierarquia de autoridade;
- regras, procedimentos, controles e técnicas;
- divisão e especialização do trabalho;
- objetivos definidos.

(1.2)
Evolução das organizações

Modelo burocrático

Como exposto, a Revolução Industrial fez surgir as indústrias, as fábricas, os comércios e, com eles, as primeiras experiências sobre administração de empresas e os primeiros estudos relacionados à condução das organizações.

Um dos primeiros desses estudos foi realizado por Max Weber, segundo Martins (2004). Weber tinha interesse em avaliar as consequências das mudanças na sociedade e na concepção do trabalho e do surgimento de uma sociedade envolvida em organizações – principalmente, sobre o homem. Para tanto, realizou estudos em organizações, buscando conhecer o funcionamento delas e os homens, enquanto trabalhadores, inseridos nesse novo contexto.

Weber preocupava-se mais com a ditadura do funcionário do que com a ditadura do proletariado, num período em que mais da metade da população encontrava-se trabalhando em fábricas, onde era submetida a uma rígida disciplina e a longas jornadas de trabalho.

Esse estudioso desenvolveu a primeira observação sistemática sobre o avanço das organizações e as considerava formas de coordenar as atividades dos seres humanos – em especial, o seu trabalho – dentro de um determinado espaço e tempo.

O desenvolvimento das operações, tornando-as cada vez mais complexas, levou as organizações a adotarem uma regulamentação burocrática, com o objetivo de preestabelecer o comportamento organizacional de acordo com padrões rígidos. Criaram-se, pois, normas para lidar com a dinâmica do trabalho. Weber identificou nesse aspecto o que foi chamado de *organizações burocráticas*, modelo adotado pelas organizações para sistematizar e controlar suas operações e funcionários.

Chiavenato (2000) relaciona as principais características do modelo burocrático:

- Hierarquia de autoridade – O modelo de estrutura de poder é a pirâmide, sendo que os cargos de maior autoridade estão no topo e na base está a mão de obra operacional. A rede de comando estrutura-se de cima para baixo, ou seja, as decisões são tomadas por aqueles no topo, enquanto os demais devem cumprir as ordens. Cada superior controla as atividades e as pessoas abaixo na hierarquia.
- Normas e regras escritas de conduta para os funcionários – A conduta deles é regida por normas e regras, segundo as quais devem portar-se.
- Contrato de trabalho – Todo funcionário tem uma carga horária de trabalho a ser cumprida e, em troca, recebe um salário por seu trabalho.
- Separação entre a vida pessoal e o trabalho na organização – O funcionário trabalha na fábrica e sua vida pessoal não importa para a organização: o interesse se concentra apenas na vida profissional deste.
- Recursos materiais não pertencentes ao funcionário – Os meios de produção, as ferramentas e as máquinas usadas no trabalho não pertencem aos trabalhadores.

Ocorreu, portanto, uma mudança significativa no mundo do trabalho. Até então: o trabalhador era dono dos seus instrumentos de trabalho; o tempo dedicado ao trabalho era definido por ele, que mantinha o controle sobre seu tempo e ritmo de trabalho; os produtos eram confeccionados totalmente por ele, que concebia e manufaturava o produto por completo – na indústria, passou a produzir apenas parte dos produtos. Tirou-se do trabalhador o sentido de realização, tornando o trabalho alienado.

Para Weber, o modelo burocrático era uma forma racional e legal de exercer a dominação. Apresentava-se como um modelo ideal, no qual os resultados poderiam ser maximizados com precisão e disciplina e podia ser aplicado a qualquer organização, sendo superior a outros modelos. A organização burocrática era comparada a uma máquina em termos de precisão, habilidade e rendimento, e, de acordo com o autor, era superior e primordial na administração de uma população cada vez mais crescente.

Modelo mecanicista

As máquinas sempre seduziram o homem por sua eficiência, precisão e padronização. Era desejo dele que uma organização funcionasse como elas, de modo que tudo fosse previsível, controlado e funcionasse sincronicamente, cada qual fazendo sua parte. Esse pensamento mecanicista norteou muitas organizações.

O modelo mecanicista parte de uma visão comportamentalista segundo a qual o comportamento pode ser moldado por meio de reforços positivos e negativos, por meio dos quais se obtêm ou se eliminam determinados procedimentos.

Não havia ainda estudos e análises que servissem de referência a respeito do modo de conduzir a administração das empresas.

O ideal projetado pelo modelo mecanicista-burocrático era o de que as organizações funcionariam como um relógio: os funcionários chegariam no horário definido, parariam pelo período de intervalo estipulado e retornariam ao trabalho no horário indicado, mantendo sempre um ritmo de trabalho regular e satisfatório diariamente, mês após mês, ano após ano. Uma rotina deveria ser cumprida rigidamente, conforme padrão imposto pela empresa, e os funcionários seriam monitorados em seu desempenho.

Atualmente, algumas empresas de refeições monitoram até mesmo a forma como o funcionário cumprimenta o cliente, agradece, faz a solicitação do pedido etc. O atendimento deve seguir um padrão mecanizado e qualquer ação pessoal e individual é avaliada.

A burocracia e a organização mecanicista existem até hoje. A burocracia está presente em todas as organizações, e se faz necessária para um funcionamento ordenado dos processos. O que passou a ser questionado é o grau de rigidez em seus princípios de funcionamento, uma vez que notou-se um comportamento de apatia, de cansaço entre os funcionários, que não conseguiam produzir o quanto se esperava, em um sistema em que a essência humana era negada.

Morgan (1996) aponta que o enfoque burocrático leva a um tipo de pensamento fragmentado e constrói estruturas, verticais ou horizontais, muito rígidas, em que a informação e o conhecimento não circulam livremente.

O modelo mecanicista não aceita a existência de relações informais nas organizações; aceita apenas a estrutura formal e as relações derivadas e previstas. Isto é, as pessoas só se relacionam conforme a estrutura funcional e a hierarquia definida, negligenciando a existência de relações pessoais extras e paralelas à estrutura formal. No entanto, é sabido que as relações informais acontecem em todos os níveis da organização.

Outra crítica ao modelo mecanicista-burocrático é a dificuldade em atender com rapidez e agilidade às demandas por mercado em razão de se tratar de um sistema rígido, em que a norma prevalece sobre o resultado.

Diante de um modelo que dava mostras de não ser tão eficiente quanto se propunha, outros olhares foram necessários para compreender as organizações.

Organizações como organismos

Da visão mecanicista cultivada nas décadas de 1930 e 1940 passou-se a um movimento que percebia as organizações como um organismo, que possui vida, com uma dinâmica interna e em interação com o meio externo.

A visão meramente funcional do trabalho foi ampliada para uma visão mais humana, em que as pessoas têm objetivos, necessidades, assim como a organização. Os trabalhadores possuem necessidades que buscam satisfazer, e dessa satisfação dependem o bom andamento do trabalho e o seu desempenho.

Essa visão, nos dias de hoje, parece-nos lógica, mas nem sempre foi assim. Como vimos, ela não estava presente no início do século XX. A satisfação das necessidades dos funcionários não fazia parte do rol de atribuições dos administradores da época. Só posteriormente foi aceita a ideia de que os funcionários, para se desenvolverem e se envolverem com o trabalho, precisavam estar motivados.

Psicólogos e estudiosos da área se organizaram e iniciaram o processo de revelar que o modelo burocrático se contrapunha às necessidades dos trabalhadores como pessoas.

Nas organizações orgânicas, a estrutura é mais flexível, a comunicação circula mais livremente, há maior participação dos funcionários na resolução de problemas e as pessoas são vistas como fonte de energia e como potenciais contribuidores para o atingimento dos resultados. A estrutura de poder não se caracteriza mais como autoritária, tal como no modelo burocrático; o poder é mais descentralizado.

Por apresentar maior flexibilidade, esse modelo responde com mais eficiência às demandas de rapidez e agilidade características dos novos tempos. O modelo burocrático recebeu críticas por se revelar moroso, em função de se preocupar demasiadamente com o cumprimento de normas e regras – muitas vezes comprometendo o resultado, apenas para cumprir rigorosamente os padrões definidos pela organização.

Na visão orgânica, há a aceitação e o reconhecimento da existência de relações informais, diferentemente da visão do modelo burocrático, que só previa e reconhecia as relações formais, aquelas vinculadas ao trabalho. Toda e qualquer troca de amizade, de parceria, de aliança era negada.

A visão orgânica reconhece que os funcionários estabelecem relações informais; que, em horário de intervalo, de almoço, as pessoas se encontram, trocam informações e, diante de situações de insegurança e ansiedade, agrupam-se para se sentirem mais seguras. Existem necessidades sociais, de pertencimento, de reconhecimento e de segurança.

Os funcionários nas empresas não são robôs; são pessoas com vida, algo que se revela na dinâmica de cada organização, apesar das tentativas, por parte de alguns administradores, de não aceitar esse fato, tentar neutralizá-lo e estabelecer mecanismos de controle dos aspectos humanos no dia a dia das organizações.

Modelo japonês

Na década de 1980, o Ocidente voltou sua atenção para o Oriente. O Japão atraiu os olhares das empresas do Ocidente por lançar no mercado produtos com preços bastante competitivos e com qualidade superior.

As empresas japonesas foram pioneiras em importantes mudanças na gestão de suas organizações, obtendo o sucesso testemunhado por todo o mundo.

Mesmo tendo vivido uma recessão econômica sofrida em função da Segunda Guerra Mundial, o Japão conseguiu se posicionar economicamente, chegando a apresentar ameaça para as indústrias do Ocidente. Esse sucesso foi atribuído, principalmente, ao modelo de gerenciamento das indústrias, que passou a ser adotado, o qual diferia em muito do modelo burocrático e do modelo empregado no mundo ocidental.

A seguir, vamos listar e comentar as principais diferenças entre o modelo burocrático e o modelo japonês.

- Enquanto no modelo burocrático o poder está centralizado no topo e as decisões são tomadas por poucos funcionários – que ocupam cargos de maior destaque que os demais, relegados a executadores, cumpridores de ordens e de orientações –, no modelo japonês as bases são consultadas, participando do processo decisório. No modelo burocrático, o poder segue a estrutura de uma pirâmide; no japonês, o poder é mais distribuído.
- O modelo burocrático propõe a especialização do funcionário em uma atividade, defendendo a ideia de que a repetição leva à especialização e, esta, a um maior conhecimento e rendimento. No modelo japonês, o funcionário conhece várias etapas do processo, exerce diferentes posições e cargos em áreas diferentes e obtém um maior conhecimento de todo o processo.

Figura 1.1 – Modelos de gerenciamento

Modelo burocrático

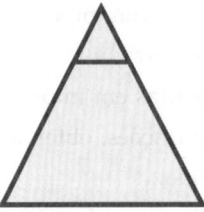

Poder centralizado em poucos

Modelo japonês

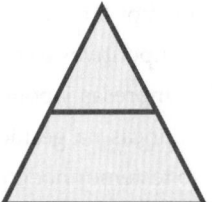

Poder exercido por mais pessoas

Quando preparados para funções gerenciais, os funcionários realizam longos treinamentos, assumindo posições em diferentes departamentos da organização. A visão limitada do modelo burocrático é substituída pela importante visão de todo o sistema.

- No Japão, o emprego é vitalício; isto é, o funcionário permanece na organização até a aposentadoria, sendo desligado somente se cometer alguma falta grave. As promoções e os aumentos são concedidos por tempo de empresa, ao contrário do modelo burocrático, em que são meritocráticos – ou seja, são concedidos por mérito, conquista de resultados, desempenho e atingimento de objetivos.

- Na concepção japonesa, o grupo (a equipe) prevalece sobre o individual. A forma de trabalho, a resolução de problemas e o encaminhamento de soluções e decisões são realizados em grupo – e este é recompensado no atingimento de resultados. Na sociedade ocidental, o desempenho individual é que é reconhecido, valorizado, o que estimula a competição entre os pares das áreas e entre áreas.

- Nas organizações ocidentais, prevalece a relação apenas de ordem econômica com o empregado: o importante é a vida profissional, funcional. Não é de interesse da empresa a vida pessoal do empregado. Na cultura japonesa, a vida privada, pessoal, do funcionário faz parte dos interesses das organizações. A instituição se preocupa com as dificuldades ou necessidades dele, auxiliando-o em diversos aspectos, como moradia, educação dos filhos, problemas de saúde etc., esperando, em troca, dedicação e comprometimento.

Portanto, o gerenciamento das organizações japonesas, no qual se dá ênfase ao trabalho do grupo, à participação nas decisões e à valorização da vida pessoal, contrasta profundamente com o modelo mecanicista-burocrático, em que a hierarquia autoritária e a visão funcional e individual se destacam.

Nas últimas décadas, muitas empresas ocidentais adotaram princípios japoneses em seu gerenciamento. Técnicas como trabalhos em grupo, programas participativos e treinamentos em diferentes funções e áreas objetivam aumentar o comprometimento do funcionário em buscar os resultados almejados pela empresa.

Revolução da Tecnologia da Informação

Na década de 1990, um novo movimento ocorreu, trazendo profundas mudanças na relação das pessoas com as empresas e na organização do trabalho, o que foi chamado, segundo Castells (1999), de *Terceira Revolução Industrial* e de *Revolução da Tecnologia*.

A tecnologia da informação e da comunicação (TIC) invadiu o campo do trabalho. As organizações foram tomadas pela tecnologia, que permitiu a transcendência do espaço e do tempo. As informações passaram a poder ser arquivadas e utilizadas em lugares diferentes e, ao mesmo tempo, houve um processo de descentralização nas empresas e de flexibilização da forma de gerenciar.

O formato de muitas organizações foi transformado, surgindo organizações em rede e novas formas de produzir e organizar o trabalho.

Para Henry Mintzberg (1995), há diferentes formas de estruturas organizacionais, sendo que cada qual busca a satisfação de certas necessidades. Existem sempre as organizações que seguem o modelo burocrático, mas cada uma apresenta particularidades. No entanto, a tecnologia da informação propiciou um forte processo de descentralização nas organizações como um todo e na forma de trabalho das pessoas, que podem ter contato diário com outras empresas e culturas do mundo. Informações e conhecimentos transitam livremente e com mais facilidade.

Atividade

1. Classifique em verdadeiras (V) ou falsas (F) as afirmativas a seguir.
   ( ) O modelo burocrático-mecanicista foi o primeiro modelo identificado na administração das organizações.
   ( ) O poder na burocracia é exercido por muitos e é descentralizado.
   ( ) O pensamento mecanicista faz parte da visão mecanicista das organizações.
   ( ) No modelo japonês, o grupo é valorizado em detrimento do individual.

( ) A importância de considerar as necessidades das pessoas para melhorar o desempenho faz parte da visão mecanicista das organizações.

( ) A Revolução da Tecnologia da Informação levou às organizações a possibilidade de transcender o tempo e o espaço.

( ) O cumprimento de regras e normas em detrimento do resultado é pertinente ao modelo orgânico.

( ) Weber considerava o modelo burocrático como ideal e o mais eficiente.

( ) Com a Revolução da Tecnologia da Informação, surgiram as organizações em rede.

(2)

Comportamento organizacional
aparente e subjacente

Sonia Beatriz Bagatini é graduada em Psicologia pela Universidade do Vale do Rio dos Sinos (Unisinos), especialista em Diagnóstico Psicológico pela Pontifícia Universidade Católica do Rio Grande do Sul (PUCRS) e em Violência pela Universidade de São Paulo (USP). Tem experiência profissional de 16 anos na área organizacional, exercendo atividades em seleção, treinamento e coordenação técnica em uma organização não governamental de serviço social.

Neste capítulo, você irá refletir a respeito do comportamento organizacional pelo viés de dois aspectos interdependentes: o aparente e o subjacente – um visível e outro não aparente, dois lados que influenciam diretamente no comportamento de uma organização. Conforme define Moscovici (2003), esses dois lados seriam a luz e a sombra ou, na visão dos autores Foguel e Souza (1985), o que aflora e o que não aflora. De acordo com Morgan (1996, p. 209), as organizações são uma prisão psíquica, porque "se tornam alvos de armadilhas geradas pelo inconsciente".

Ainda sobre o lado subjacente ou oculto, Osório (2003), em seus estudos com base psicanalítica sobre a psicologia grupal, indica que as relações pessoais nos grupos são influenciadas diretamente por motivações inconscientes que nos levam a compreender os fenômenos das interações grupais.

Em todas essas terminologias, encontramos a expressão de que mesmo o que não vemos influencia diretamente na dinâmica e na vida organizacional. O cumprimento de metas e objetivos, o atingimento de resultados, as tarefas, os serviços, a tecnologia, a hierarquia e o controle, a produtividade, a equipe, enfim, todo o funcionamento de uma organização recebe influência permanente daquilo que podemos ver e daquilo que não podemos ver em nosso ambiente.

Nos temas que apresentaremos a seguir, trataremos do conhecimento essencial para entender a composição da cultura de uma organização pelo viés de seus elementos racionais e pelo das forças inconscientes atuantes. Como no próximo capítulo realizaremos um estudo mais detalhado sobre a cultura organizacional e os elementos racionais, neste daremos ênfase maior ao comportamento subjacente. Para possibilitar uma compreensão adequada, abordaremos uma visão geral do comportamento aparente para então seguirmos com a definição do subjacente. A conceituação e a caracterização do subjacente abarcarão os estudos de diversas formas de manifestação da estrutura oculta da natureza comportamental humana nas organizações.

A importância de assimilar os conteúdos do presente capítulo está no fato de que constituem conhecimento necessário à construção de uma habilidade para compreender as influências exercidas pelo comportamento humano diretamente no funcionamento de uma organização.

(2.1)
Comportamento aparente

Todos os aspectos do ambiente e da organização que são sempre observados e se revelam física e formalmente compõem o APARENTE de uma organização. Incluem-se aí os recursos, a tecnologia, o mobiliário, os equipamentos e as estruturas organizacionais.

No âmbito comportamental, a interação entre as pessoas também é observada, uma vez que essas relações constituem a cultura organizacional.

É importante observar que, assim como a sociedade, a cultura de uma organização é composta por três dimensões: a material, a psicossocial e a ideológica. Segundo Moscovici (2003), a MATERIAL compreende a estrutura de uma organização, seu ambiente físico, seus recursos materiais e sua tecnologia; a PSICOSSOCIAL refere-se à estrutura funcional e de poder vinculadas às relações formais e informais emergentes; a IDEOLÓGICA é relativa à estruturação de normas e valores, tanto os declarados e conscientes quanto os subjacentes. A integração dessas três dimensões deve compor o funcionamento da organização de forma constante para que exista adaptação interna. Paralelamente, deve ocorrer a relação da organização com o mundo externo, a sociedade. Aliás, a cultura da organização deve sempre buscar essa interação com a sociedade para que haja adaptação externa, a fim de garantir sua própria sobrevivência. As organizações econômicas, por exemplo, que não estiverem afinadas com a realidade externa e suas constantes mudanças de mercado e de informação correm o risco de se tornarem estanques. Uma organização social que não acompanhe as estatísticas e os índices das necessidades de seu serviço na realidade social de sua comunidade está sujeita a se tornar inoperante e a refletir o mau uso de um recurso que poderia ser mais bem empregado na gestão de outra política pública.

Assim como a cultura organizacional deve sempre buscar um posicionamento estratégico adequado ao ambiente externo por meio do estabelecimento de missão e metas e do uso de certos recursos para a obtenção do sucesso, deve também buscar o equilíbrio interno nas três dimensões anteriormente citadas. Considera-se nesse equilíbrio os comportamentos aparentes, que então são definidos como tudo o que visivelmente compõe a organização, desde a sua estrutura física e o trabalho em si até as relações interpessoais observáveis que fazem a organização funcionar. Esses comportamentos são limitados por normas, crenças, filosofia, objetivos, ou seja, pelas "regras do jogo", os elementos da cultura organizacional, que serão estudados no próximo capítulo.

Foguel e Souza (1985), ao retratarem as questões que afloram e as que não afloram em uma organização, explicam que, nas relações dos grupos, afloram com mais frequência as conversas sobre os interesses da empresa, os resultados, as virtudes, as habilidades, os problemas e as oportunidades do mercado, sendo tais assuntos abertos à conversação porque englobam metas, tecnologia, mercado, estrutura, finanças e competência técnica.

Nesse sentido, esses conteúdos que dizem respeito a aspectos formais e concretos da cultura organizacional são aceitos e são claros e visíveis. Em uma ilustração apresentada por Stanley Herman, citado pelos autores, é feito um paralelo entre a cultura organizacional e um *iceberg*, que foi denominado *iceberg organizacional*. Todo o aparente da organização aqui descrito corresponderia ao topo do *iceberg*, aquilo que está acima do nível da água. Portanto, é o que aparece, o que é aceito. Já o que está imerso ou "escondido" na parte inferior do *iceberg* seria o subjacente, ou o não aparente, o escuro, a sombra da organização.

(2.2)
Comportamento subjacente

Considerando a imagem do *iceberg*, a ponta que está acima do nível da água representa o aparente, o físico, o visível e o aceitável. O subjacente da organização refere-se à parte que não está visível e que constitui a maior parte da cultura organizacional. Toda aquela parte imersa, escondida, constitui tudo que muitas vezes não é trabalhado ou não é aceito. Incluem-se nessa definição atitudes e valores, sentimentos de raiva, alegria, medo e desrespeito, normas grupais, interações, mecanismos de defesa, motivações e desejos.

Ao metaforizar o lado oculto ou subjacente como prisão psíquica, Morgan (1996) entende que as características racionais de uma organização são uma expressão real de impulsos e desejos inconscientes. Assim, o racional serve para dar uma forma ao irracional.

Para entender o inconsciente, é necessário nos reportarmos ao início da vida do ser humano. Desde o princípio, o indivíduo reprime impulsos, com os quais é construído seu inconsciente. Este seria, então, um depósito de desejos e impulsos reprimidos pelo sujeito a fim de que ele possa viver em harmonia com seus semelhantes e construir, assim, a história familiar e social do indivíduo. À medida que amadurece, por meio da educação, o homem vai sublimando ou canalizando esses impulsos para que atuem de forma aceitável pelo mundo externo.

Freud, o pai da psicanálise, citado por Morgan (1996), "considera ser a essência da sociedade a repressão do indivíduo e a essência do indivíduo a repressão de si próprio". Essa concepção nos remete ao entendimento de que a repressão é essencial na educação e também no autocontrole perante a sociedade, na adaptação social. Esses conteúdos, embora reprimidos, se manifestam no comportamento das pessoas e, portanto, influenciam seus relacionamentos, a forma como os indivíduos percebem a realidade, como trabalham e amam, enfim, como são no dia a dia. A busca de sentidos ocultos da cultura organizacional nas condutas tanto daqueles que foram seus fundadores (presidente, fundador e diretores) como daqueles que a preservam (colaboradores, funcionários, ou seja, membros de uma organização) contribui para elucidar a metáfora de que o homem é prisioneiro de sua história pessoal, conforme concluem seguidores de Freud e Jung, apontados pelo autor citado.

Segundo esses autores, o passado influencia o presente por meio do inconsciente. A tomada de consciência desse fato por parte das pessoas seria a sua liberdade, porque traria a compreensão de reações, atitudes, sentimentos e percepções incompreensíveis à luz da consciência. Para que se alcance isso, foram criadas formas de atingir o autoconhecimento que levam as pessoas a entenderem como, na relação com o mundo exterior, surgem dimensões ocultas internas. Como as organizações são criadas (ou fundadas) e mantidas (ou preservadas) por seres humanos, é evidente que as estruturas ocultas ou subjacentes das pessoas que constituem esses grupos influenciam diretamente essas organizações.

A estrutura oculta do psiquismo humano e as organizações

A estrutura do psiquismo humano é formada pelo ego, pelo superego e pelo *id*.

O EGO é a estrutura que se relaciona com o mundo externo, é o EU que interage com a sociedade.

No SUPEREGO estão os conteúdos de moral e ética, o certo e o errado, que não são sempre conscientes, mas podem se tornar conscientes em uma situação na qual o sujeito necessite fazer uma avaliação para efetivar determinado comportamento ou não, de acordo com esses valores internalizados. Por exemplo, ao se defrontar com alguma situação que coloque em pauta a opção ou a tentação de fazer algo errado, os valores e a moral do pré-consciente vão para a consciência a fim de que o sujeito reflita e tome a sua decisão.

O *ID* fica no nível do inconsciente e não se torna consciente a não ser por meio de técnicas para alcançar o autoconhecimento, tais como as psicoterapias, as dinâmicas de grupo, os grupos de apoio, entre outras. Ele se manifesta por meio de traços de personalidade e comportamentos, que interferem diretamente na relação do sujeito com outras pessoas, no seu próprio viver e portanto, nas organizações das quais faz parte – familiar, de trabalho, social ou outras. Moscovici (2003), ao tratar a respeito da "sombra" das organizações em um enfoque psicanalítico, aponta que "o inconsciente é considerado determinante de muitas ações aparentemente inexplicáveis por outros enfoques teóricos".

Mecanismos de defesa

Segundo a teoria psicanalítica, é por meio de mecanismos de defesa que o ser humano consegue lidar com os impulsos que foram reprimidos. Tais mecanismos redirecionam os impulsos reprimidos para que assumam novas formas e possam se manifestar de maneira menos ameaçadora e com mais controle. Constituem as defesas naturais contra as frustrações que sofrem todos os indivíduos.

Os mecanismos de defesa são, então, processos automáticos e inconscientes de que a personalidade se utiliza para manter o equilíbrio e a estabilidade psicológica. Assim, os cuidados que recebemos desde bebês, a socialização, a educação e o amadurecimento vão moldando nossos impulsos, e os que não são aceitáveis para a convivência familiar e social vão sendo "empurrados" para o inconsciente. Lidamos com os conteúdos desse depósito recorrendo a vários mecanismos de defesa para manter o controle sobre eles. Isso se aplica a você e a todos nós. Esse recurso é fundamental para a qualidade das relações interpessoais. A seguir, descrevemos os principais tipos de mecanismos de defesa segundo Anna Freud (1968), procurando relacioná-las ao contexto das organizações.

- REPRESSÃO – É o mecanismo-base de todos os outros. Consiste em "empurrar" para o inconsciente todo o impulso inaceitável para o ego. Desejos, impulsos e pensamentos que seriam incompatíveis com as autoexigências e as motivações conscientes do sujeito ou que o perturbariam são excluídos do campo de percepção da consciência. Por exemplo: uma mulher que é sensual, vaidosa e gosta de usar roupas que exteriorizem seu impulso, como as mais extravagantes e com decotes, tem de reprimir esse desejo, porque vestir-se dessa forma não é uma conduta aceitável na organização em que trabalha e não é compatível com sua motivação consciente para o trabalho. Veste-se, então, com roupas adequadas à cultura organizacional e aceitas pelo seu ego e pela sua autoexigência profissional.

- Projeção – Ocorre quando o indivíduo atribui os próprios sentimentos, impulsos e desejos a outra pessoa. É o caso, por exemplo, de uma pessoa que enfatiza certas características negativas em outra pessoa para não vê-las em si própria. Projeta, então, sentimentos próprios para fora de si, em vez de assumi-los e entendê-los.
- Idealização – Refere-se a uma valorização dos aspectos positivos de uma determinada situação, para não enxergar os aspectos negativos. Por exemplo, uma pessoa que não conseguiu alcançar um resultado satisfatório em determinada tarefa supervaloriza alguns aspectos positivos alcançados e subestima o resultado total, que não foi positivo.
- Racionalização – Trata-se da criação de justificativas bem elaboradas, lógicas e coerentes que não correspondem à ideia ou ao sentimento real, pois este poderá ser muito doloroso ao ego. É o caso da história "A raposa e as uvas".
- Fixação – A pessoa se fixa em um padrão, uma ideia ou uma atitude por temer outros, que poderiam provocar alguma insatisfação ou sentimento negativo.
- Negação – É o mecanismo que faz a pessoa negar um fato, uma ideia ou uma situação que poderão trazer à tona um impulso. Podemos citar como exemplos as distrações, os esquecimentos e os bloqueios de percepção.
- Regressão – Caracteriza um retrocesso a formas anteriores de pensamento ou desenvolvimento causado por frustrações ou conflitos. Gestores podem recorrer a esse tipo de mecanismo ao se defrontarem com situações de conflito, quando surge o desejo de voltar a formas anteriores de administrar para buscar no passado a situação de satisfação. A repetição de experiências anteriores, porém, pode significar um fracasso pior do que aquele

experimentado em um momento difícil de mudança, por exemplo.

- FORMAÇÃO REATIVA – É o mecanismo que visa transformar um sentimento ou uma atitude em formas opostas de manifestação. Podemos citar como exemplo uma secretária que está com muita raiva de seu gerente e que, como não é possível demonstrar a raiva, dirige-se a ele com muita delicadeza e educação, oferecendo-lhe uma xícara de café, ao invés de expressar seu impulso agressivo.
- SUBLIMAÇÃO – A sublimação é um mecanismo muito importante, pois canaliza impulsos ameaçadores e não aceitos socialmente para atividades aceitáveis. Um bom exemplo desse mecanismo refere-se às pessoas que possuem impulsos agressivos e os sublimam para atividades esportivas ou para produção de obras de arte.

Foguel e Souza (1985) reforçam que a importância da compreensão desses mecanismos se deve ao fato de que, nas organizações, as pessoas não estão atentas a seus motivos inconscientes. Não percebem que pensam de uma forma e agem de outra – ou que não têm as atitudes que desejariam ter. A busca do autoconhecimento é essencial para compreender esses mecanismos e, então, transformá-los em força para uma melhor adaptação social e para se sentir bem e feliz.

O conhecimento dos motivos conscientes e inconscientes dos fundadores de uma organização, por exemplo, colabora para a formação de uma cultura organizacional e para a adoção de estratégias que levem ao alcance dos resultados esperados pela empresa. Igualmente, proporcionar espaços para que as pessoas possam expressar e canalizar esses instintos, fantasias, sentimentos e desejos é fundamental para que o esforço individual de não demonstrá-los por meio da repressão no ambiente organizacional não venha a tornar-se doentio ou avançar para outras formas negativas de insatisfação. As tendências nas organizações têm sido, sim, proporcionar momentos, inclusive de brincadeiras e atividades lúdicas, em que essas tensões normais de adaptação à situação externa sejam desmistificadas, diminuindo, assim, a ansiedade.

Inconsciente coletivo

A definição de inconsciente coletivo remete ao conceito de psique humana como componente de uma realidade universal que é transmitida como herança psicológica comum a toda a humanidade. Carl G. Jung criou a teoria do *inconsciente coletivo*, assim denominada porque, segundo ela, o homem primitivo e o homem moderno teriam muitos aspectos em comum revelados por meio das tradições, das lendas e de outros elementos. Jung estudou esses fenômenos transculturais e utilizou o termo *sombra* para caracterizar o inconsciente do indivíduo e todos os impulsos lá escondidos. Para esse estudioso, citado por Moscovici (2003, p. 32),

> *Além dos aspectos primitivos, deficientes, negativos, a sombra também contém forças vitais valiosas, espontâneas, intuições positivas e impulsos criativos. Estas forças precisam ser assimiladas em experiências reais e não reprimidas.*

Observemos que essa constatação de que o lado da sombra também tem aspectos positivos vem ao encontro do exposto anteriormente: é muito importante ter espaços nas organizações para trabalhar o lado oculto e, assim, favorecer o crescimento profissional e pessoal do indivíduo e, consequentemente, o organizacional. É importante trabalhar os impulsos velados, bem como as manifestações de espontaneidade e capacidade criativa.

Segundo o pensamento de Jung, citado tanto por Morgan (1996) quanto por Moscovici (2003), a sombra da organização também contém aspectos reprimidos que se manifestam para se chegar ao lado iluminado ou claro da organização. Podemos observar essa situação em comportamentos de politicagem informal, artimanhas, manobras fraudulentas, sabotagens, estresse e depressão. Essas manifestações tendem a agravar-se se, ao invés de oferecer espaço para as necessidades emocionais, a organização aumentar o controle rígido nas rotinas e nas atividades.

Assim como na psique humana, a sombra na organização apresenta conteúdos de forças não conhecidas e pode revelar potencial positivo para explorar energia e criatividade na organização. Estudiosos e pesquisadores são unânimes em acreditar que a conscientização das sombras individual e coletiva abre caminho para o autoconhecimento, o reconhecimento de preconceitos e a melhora do desenvolvimento da organização e dos indivíduos que a compõem.

Ainda dentro da teoria do inconsciente coletivo, Jung estudou uma estrutura que faz a ligação do indivíduo com o inconsciente coletivo, denominada de *arquétipo*. O mais interessante está na constituição dos arquétipos, pois estes são formados por ideias e formas herdadas de outras culturas e gerações, conteúdos inconscientes encontrados em sonhos, mitos e ideias de homens primitivos, antigos e modernos.

Vários arquétipos se fazem presentes nas sociedades e nas organizações, como os do guerreiro e herói, do rei, do mago, do príncipe romântico, da quaternidade – em que a magia mística do número quatro significa "equilíbrio, totalidade até a perfeição" (como, por exemplo, em uma diretoria em que "quatro são os grandes"). Outros arquétipos muito presentes nas organizações são os da grande mãe, do velho sábio e os mitos da questão das estratégias masculinas e femininas.

O mais conhecido é o do herói e da jornada heróica. Em todas as épocas e culturas da humanidade, o herói é o símbolo da luta do bem contra o mal nas suas jornadas. Grandes líderes como Moisés, Jesus Cristo e Buda foram sendo associados a outros líderes pela condição de liderança ao assumir riscos, desafios, perigos e oportunidades de mudança, transmitindo aos seus seguidores integridade e poder.

A herança desses valores, depositada no inconsciente coletivo, faz com que os grupos identifiquem essas características nos papéis de liderança. Podemos, na atualidade, identificar a busca por liderança carismática, por exemplo, como uma revivência do mito do herói e da jornada heróica – ou seja, de um elemento do inconsciente coletivo.

Objeto transicional

Certamente, quando você, leitor, era criança, possuía um brinquedo ou um objeto preferido e do qual não gostava de se separar. Podiam ser panos, bonecas, ursos, fraldas de tecido, entre outros objetos. O ser humano, em determinada fase da infância, apega-se de forma mais intensa a esses tipos de objetos, que, por isso, são denominados de *intermediários* ou *transicionais*.

Donald Winnicott – psicanalista especializado na infância –, de acordo com Moscovici (2003), estudou o papel desses objetos para o desenvolvimento da criança, esclarecendo que eles criam uma área de ilusão como uma ponte entre os mundos interior e exterior da criança, entre o EU e o NÃO EU, mantendo, portanto, na criança um sentido de identidade. Com alguma modificação nesse objeto, a criança sente que sua existência está sendo ameaçada. Quem já não viu uma criança que segura uma fralda de tecido para dormir ou sentir-se confortável e tranquila e que não permite que esse objeto seja lavado para não modificar suas características? Trata-se de algo muito comum e importante para o desenvolvimento humano.

Isso porque, por meio desses objetos de transição, a criança vai formando sua identidade e sua relação com o mundo externo. Posteriormente, tais objetos vão sendo substituídos por outros e assegurando a capacidade de aceitar mudanças. Na fase adulta, podem estar relacionados a um grupo de trabalho, a uma tarefa, a uma filosofia e até a pessoas da organização. Se, por outro lado, houver uma maior fixação por determinado objeto e incapacidade para renunciar a ele, trata-se de um adulto com comprometimento relacionado a algum aspecto particular e que não aceita mudanças.

Conforme Moscovici (2003),

> É bastante difícil abandonar um passado/presente seguro confortável para enfrentar um presente/futuro incerto que impõe alterações na própria identidade. A teoria dos objetos transicionais ajuda a compreender os processos dessa passagem.

Nesse sentido, podemos perceber que a teoria do objeto transicional se tornou uma contribuição para viabilizar o planejamento e a implementação de mudanças e o desenvolvimento organizacional. Uma mudança não é apenas uma atividade ou um negócio racional; implica também processos inconscientes de medo de perda da identidade, da estabilidade e do conforto na relação com o mundo externo. Assim, mais uma vez, podemos observar que o inconsciente, embora não apareça, está sempre atuando e influenciando as pessoas e os grupos.

Se um objeto transicional é uma fase intermediária, em que, inicialmente, a criança se desprende da mãe, substituindo primeiro o seio materno pela chupeta, depois pelo ursinho de pelúcia e depois por outros objetos, isso quer dizer que a diferenciação entre o EU e o NÃO EU (que é a mãe) é uma mudança que ocorre aos poucos, gradativamente.

E assim deve ser nas mudanças profissionais e organizacionais.

O adulto continua com necessidade de manter objetos transicionais, que são substituídos por outros nos processos de mudança inevitavelmente vivenciados por todos. O próprio agente de mudança (líder, consultor ou outra pessoa) em uma organização pode servir de objeto transicional.

Supostos básicos e funcionamento das organizações

Outra importante contribuição da psicanálise para o estudo de grupos de pessoas, segundo Osório (2003, p. 18), veio dos estudos de W. R. Bion (1970), para quem os grupos funcionam em duas modalidades: a de tarefa e a emocional. A modalidade de tarefa corresponde a toda orientação racional do funcionamento do grupo como a descrição normativa do grupo de trabalho, objetivos, metas etc. Quanto à modalidade emocional, Bion observou o comportamento dos indivíduos em grupo e constatou que eles apresentam uma atividade mental composta por fantasias inconscientes compartilhadas. Estas determinam o aparecimento dos supostos básicos, que servirão de resistência à tarefa. Os grupos não operam sempre racionalmente, como meros tarefeiros. Isso porque do funcionamento emocional surgem sentimentos, obstáculos, conflitos, problemas e, então, podem ocorrer regressões a estágios infantis, bem como podem ser utilizados mecanismos de defesa para se conseguir lidar com situações conflituosas ou que refletem alguma possibilidade de ameaça.

E o que seriam esses supostos básicos? São modalidades emocionais que influenciam inevitavelmente os grupos de trabalho, perturbam e até podem vir a impedir o cumprimento de objetivos, metas e até do trabalho em si. Existem três tipos de supostos básicos: de dependência, de luta e fuga e de acasalamento.

Osório (2003), em seus estudos sobre grupo de trabalho (baseados nos trabalhos de Bion), aponta os três supostos básicos. O de DEPENDÊNCIA é aquele em que "o grupo se comporta como se esperasse que um líder fosse se responsabilizar por todas as iniciativas e tomar conta dos membros do grupo como os pais fazem em relação aos filhos pequenos". Nesse suposto básico, a fantasia inconsciente que predomina é a visão do líder como figura onipotente.

O suposto básico de LUTA E FUGA é definido como o suposto "no qual o grupo age como se existisse um inimigo que se deveria enfrentar ou que se deveria evitar". Já aqui a fantasia inconsciente predominante é a de que o líder é invencível.

No suposto básico de ACASALAMENTO, o grupo

> *verifica a crença de que os problemas ou necessidades do grupo serão solucionados por alguém que ainda não nasceu e que o fará mediante a união geradora de dois elementos do grupo, independentemente do sexo ou função que nele desempenhem e com o consentimento e a cumplicidade dos demais membros do grupo.*

A fantasia presente é a de que esse líder que está por nascer é a perfeição.

É de extrema importância que o leitor entenda esses supostos básicos porque eles interferem diretamente nas tarefas de trabalho e, se persistem por muito tempo, podem se tornar parte da cultura organizacional.

No caso da dependência, imaginemos um grupo que espera tudo de seu líder e segue suas determinações. Nesse caso, ninguém se manifesta para assumir alguma responsabilidade diante de uma situação emergencial.

Dependência extrema significa a existência de baixa ou nenhuma autonomia ou iniciativa por parte das pessoas. Se o líder for um "pai" que luta, protege e provê, atenderá às necessidades e à fantasia inconsciente do grupo. É importante salientar que as figuras *líder* e *grupo* se complementam. Um exemplo claro desse suposto básico encontramos nos grupos religiosos e em organizações em que a ordem, a disciplina, a submissão e a obediência são o eixo de sua cultura.

Com todos os conteúdos estudados até aqui, é possível perceber que esse suposto até pode atender às fantasias inconscientes do grupo. Mas também sabemos que mesmo os filhos mais dóceis se rebelam, porque o ser humano evolui. E, se evolui dentro de um grupo com essa modalidade emocional, a resposta pode ser agressiva. Sabemos que há uma ordem direta entre servidão e explosão: quanto mais submisso o grupo, mais forte é a reação com emoções muito intensas diante de adversidades ou mudanças. Esse grupo dependente, ao se desiludir com a figura do líder (em razão de este não atender a todas as suas necessidades), pode passar para a modalidade de luta e fuga.

O suposto básico de luta e fuga inclui defesas mais primitivas em relação à ansiedade. Nessa modalidade, o grupo classifica tudo que lhe favorece como bom e tudo que não lhe favorece como mau ou inimigo. Como a concentração recai no negativo, só resta atacar ou fugir desse inimigo. Encontram-se nesse caso emoções muito fortes de raiva, ódio, medo e suspeição, que levam o grupo à ação em um dos dois polos: luta ou fuga.

A luta se caracteriza por contestações em relação ao líder, podendo chegar a situações mais radicais de competitividade, confrontos e hostilidade. A característica mais forte é a paranoia, que se estende a outros grupos, pessoas ou departamentos de uma organização.

No outro polo, o de fuga, existe o medo do inimigo. É assim que é visto o líder. O grupo se distancia, isolando-se, assim, do perigo. Nas organizações, muitos grupos com esse funcionamento demonstram, por meio da realização de tarefas extremamente detalhadas e interesses intensos em controles de planilhas, o desejo de segurança interna e não exatamente o interesse pela produtividade. Não conseguindo lidar ou enfrentar o inimigo, há a evasão, a fuga, o isolamento. Essa característica de alienação protege o grupo dos perigos ou das pessoas e do mundo externo que oferecem alguma ameaça.

Podemos pensar que existem vantagens nesse tipo de funcionamento, porque é muito comum nas áreas industriais, comerciais e políticas. Mas devemos perceber que o grupo vai perdendo contato com a realidade, torna-se inerte e não aberto à renovação, contrariando, assim, tudo o que se sabe sobre a natureza humana, a criatividade e a espontaneidade. Consequentemente, pode isolar a própria organização, o que causa problemas graves no relacionamento desta com a realidade externa, impedindo seu crescimento e sobrevivência, como será abordado no próximo capítulo.

A modalidade de acasalamento diz respeito a um grupo muito mais positivo, porque tem esperança. Se algo, pessoa ou ideia podem surgir para salvar o grupo de determinada situação ou ansiedade, este desenvolve muito mais iniciativas, as quais são realizadas em pares, "como um acasalamento simbólico", sempre encorajado ou estimulado pelos demais membros do grupo. Aqui a fantasia inconsciente é a de que um novo líder ou ideia vai resolver os problemas, causando certo alívio da ansiedade e proporcionando satisfação, fé e esperança ao grupo e um clima positivo para o desenvolvimento de metas e para o alcance dos objetivos propostos. As características essenciais desse grupo são: criatividade, flexibilidade, liderança democrática, busca por inovações e desafio.

As organizações em que mais se forma esse tipo de grupo são as de pesquisa, de desenvolvimento e de alta tecnologia. A visão é tipicamente voltada ao futuro; os indivíduos procuram sempre inovações com estilo colaborativo, correm riscos, preocupam-se em melhorar o mundo e buscam o prazer mais do que o lucro. Apesar de todas essas características positivas, essa modalidade pode levar a riscos excessivos devido ao excesso de otimismo e idealismo, que se tornam perigosos se somados à característica da desconsideração da realidade econômica, o que pode levar ao fracasso. Muitas vezes, esses grupos são subgrupos de uma organização ou um departamento, que não precisam mesmo se preocupar com a questão do lucro, que fica a cargo de outro setor. Nesse caso, os riscos de fracasso são bem menores ou inexistentes.

Para Osório (2003), esses supostos básicos se entrelaçam e estão sempre presentes nos grupos de trabalho. Quanto mais fortes e atuantes as fantasias inconscientes de cada modalidade, mais comprometida negativamente está a tarefa. O que se visa é o amadurecimento do grupo e a consequente diminuição da interferência negativa nas tarefas, de acordo com o nível de maturidade do grupo.

Rioch, citado pelo autor, afirma que, em grupos mais maduros, "o líder do grupo dependente é apenas confiável; o do grupo de luta-fuga é tão-somente corajoso e o do grupo de acasalamento é simplesmente criativo". Portanto, conhecendo essas modalidades emocionais, é possível proporcionar aos grupos espaços para trabalhá-las, possibilitando que amadureçam e atinjam o nível descrito por

Rioch, de modo a tornar a organização mais próxima de alcançar os resultados e os objetivos que conduzam a seu crescimento.

Atividades

Reflita sobre as questões a seguir e responda com suas palavras.

1. Como você caracteriza o comportamento organizacional aparente?
2. O que caracteriza o comportamento organizacional subjacente?
3. Especifique a relação desses dois comportamentos com o *iceberg* organizacional.
4. O que são mecanismos de defesa e qual a importância deles para a vida das pessoas e para a organização?
5. Identifique a relação entre duas situações: (1) uma criança com um ursinho de pelúcia que a acompanha em certos momentos e do qual ela não se separa de maneira alguma, não permitindo, inclusive, que o lavem para não modificá--lo; (2) as dificuldades de pessoas ou grupos para aceitar uma mudança na organização da qual fazem parte.
6. Reflita sobre qual dos três supostos básicos tem características mais positivas para facilitar o amadurecimento do grupo e, consequentemente, o alcance dos resultados organizacionais.
7. O que você entende por inconsciente coletivo e qual o arquétipo mais comum que observa nas organizações?

(3)

Cultura organizacional

Neide Pérsico

Vimos, no capítulo anterior, que, para compreendermos o funcionamento de uma organização, o olhar e a percepção devem ir além do que nos é mostrado e falado, transcendendo o aparente e penetrando o mundo dos significados. Neste capítulo, iremos tratar do conceito de cultura organizacional e dos elementos que a constituem.

(3.1)
Introdução à cultura organizacional

Cada indivíduo possui uma maneira própria de ser, o que caracteriza sua personalidade. Uma organização também possui seu jeito próprio de funcionar e sua própria personalidade, que se revela em seus valores, crenças, funcionamento, regras, normas, missão etc. A forma como ela classifica as pessoas – como confiáveis ou se não, se necessitam de constante controle ou se são responsáveis por suas ações e não necessitam ser controladas –, enfim, o valor que a organização dá aos seus recursos humanos consiste em um exemplo de posicionamento que caracteriza a cultura de uma organização, a sua maneira de ser. É a ela, essa personalidade organizacional, que chamamos de CULTURA DA ORGANIZAÇÃO.

A percepção da existência e da importância da cultura de uma empresa pelos administradores surgiu entre as décadas de 1970 e 1980, quando o Japão se posicionou fortemente no mercado de automóveis e eletroeletrônicos, justificando o sucesso do seu modelo de gerenciamento e da cultura existente em sua sociedade e refletida nas organizações.

Schein, citado por Moscovici (1995), define cultura como um conjunto de crenças, pressupostos e maneiras de agir que se mostram eficientes na resolução de problemas e situações, além de auxiliarem na integração dos seus membros e na adaptação à realidade externa.

Moscovici explica que a cultura de uma organização apresenta três funções básicas:

1. favorecer a integração de seus membros por meio dos valores, das crenças, das normas e das regras organizacionais estendidos a todos os integrantes da organização;
2. servir de referência para buscar adaptação na solução de problemas;
3. auxiliar na redução da ansiedade, uma vez que serve como referencial, apoio e norte em situações de insegurança e na admissão de novos funcionários.

Morgan (1996) aborda a importância do entendimento da cultura para a compreensão dos eventos e das ações da vida de uma organização. A cultura organizacional é repassada a todos os funcionários, novos e antigos. É por meio dela que são divulgadas as regras que regem o comportamento da empresa – o que é valorizado, o que é passível de punição, o que é esperado, qual é o percurso para se atingir ascensão, o que é permitido e o que não é permitido.

Moscovici (1995) entende que a cultura pode ser percebida e conhecida por meio de três dimensões: por sua parte material – prédios, móveis, organização e distribuição de salas, máquinas, áreas etc.; por sua estrutura psicossocial – a estrutura de poder definida e praticada, bem como de relações entre pessoas, áreas etc.; e por sua dimensão ideológica – os valores, crenças e os pressupostos básicos que permeiam as ações da organização.

Schein, citado por Fleury e Fleury (1997), aponta que a cultura de uma organização pode ser desvendada por meio da análise de alguns fatores, descritos a seguir.

- A história da organização: em que condições e quando foi fundada, as circunstâncias da época, a personalidade do fundador, os fatores sociais e políticos da época.
- As situações críticas, de crise: revelam como a organização se porta. É nos momentos de crise, de sucesso

ou fracasso que as crenças e os valores se revelam com nitidez.

- A admissão de novos funcionários: em programas de integração e treinamento ocorre o primeiro contato formalizado com a cultura da organização, principalmente com as normas, as regras, os procedimentos e os valores da instituição.
- As políticas de recursos humanos: as políticas de admissão, demissão, disciplina, remuneração, benefícios, promoções e treinamento, entre outras, revelam a cultura da empresa.
- A comunicação: a forma que ela acontece na organização é um indicador de sua cultura. Podem prevalecer os canais formais ou informais e a comunicação pode ser clara ou velada, objetiva ou ambígua.
- Além desses fatores, a organização do trabalho, o modo como é realizada a gestão, a distribuição do trabalho e o uso do poder são indicativos do funcionamento organizacional.

É consenso entre os autores citados anteriormente que a cultura organizacional se apresenta não só no que é comunicado abertamente; deve ser entendida também como fruto de razões inconscientes. Muitos comportamentos organizacionais são explicados por tais motivos, que se revelam simbolicamente em cerimônias, ritos, crenças, relações, mitos, histórias etc.

A ideia de que o sucesso de uma organização está associado a uma cultura forte invadiu as organizações, e os administradores trabalham e criam estratégias para o fortalecimento dessa cultura.

Morgan (1996) explica que a organização como cultura é algo destaca o lado humano da organização. Na cultura, repousam muitos simbolismos e significados que devem ser interpretados para serem compreendidos, dando significado à vida organizacional. A cultura envolve a comunicação de normas, valores, linguagem, cerimônias que transmitem valores, crenças, ideologias, cujo principal objetivo é reforçar padrões de comportamento desejáveis e esperados pela organização. Por isso, uma das propostas principais da cultura é exercer controle sobre o comportamento das pessoas. Um exemplo disso se dá quando a empresa define os tipos de sentimento que são considerados aceitáveis e não aceitáveis no trabalho ou que tipo de linguagem é apreciado e esperado no interior da organização.

Na cultura organizacional há, portanto, uma simbologia que pode ser usada para se alcançarem os objetivos propostos pela organização. Segundo Morgan (1996), muitos administradores são convencidos de que uma cultura forte pode levar os funcionários a trabalharem com maior comprometimento e contentamento, o que os tem levado a usar a cultura como meio de controle para atingirem seus objetivos.

Importante salientar que a cultura é determinada, principalmente, pelos dirigentes da organização, que podem ser os fundadores ou contratados. Forças contrárias por parte dos funcionários podem surgir em forma de resistência e boicotes. Autores também concordam que podem existir subculturas: ou seja, certas áreas e departamentos podem apresentar uma cultura própria, diferente da proposta pela organização.

Parte da cultura de uma organização é expressa simbolicamente, por meio de rituais, cerimônias, histórias, mitos e heróis. Essa expressão se dá com o uso do imaginário das pessoas. Mas o que é o IMAGINÁRIO? Freitas (2002), ao tratar dessa questão, define *imaginário* como a imaginação, o espaço mental em que estão representados desejos, fantasias, sonhos. Castorides, citado pelo autor, afirma que a sociedade é repleta de símbolos que ela compartilha.

O imaginário é, pois, o espaço em que existem significados que são compartilhados e que, para serem entendidos, exigem usar a imaginação, ver o que não está expresso objetivamente, enxergar significado, sentido. Quando nascem, as pessoas já encontram uma sociedade repleta de significados e símbolos.

Conforme visto no capítulo anterior, Moscovici (1995) discorre sobre a teoria do inconsciente coletivo de Jung, segundo a qual somos herdeiros de um inconsciente dos nossos antepassados, que o constitui e que é comum a toda a humanidade. Sua existência explicaria a perpetuação de algumas crenças, tabus e simbologias.

Na sociedade racional, o real convive igualmente com o imaginário. As organizações preenchem hoje um espaço anteriormente ocupado por outras instituições, como o da representação do simbólico.

Na busca acirrada por resultados, as organizações buscam cada vez mais meios para atingir seus integrantes. Então, captam as mudanças sociais e as necessidades das pessoas e as usam, reelaborando-as para atingirem seus objetivos.

Freitas (2002) explica que Enriquez vê a organização como um sistema que é ao mesmo tempo cultural, simbólico e imaginário. Ela procura traduzir uma realidade como se a vida social fosse aquilo que foi definido pelos seus fundadores ou aquilo que se passa dentro de seus limites. Cria uma vida funcional e social à qual as pessoas se vinculam que se constitui em um espaço no qual buscam significados. A cultura organizacional faz uso desse imaginário para dar significado à vida cooperativa. A organização fica sem sentido quando: não incorpora na sua dinâmica valores, crenças, normas, processos de interpretação e socialização; não serve de tela para as necessidades inconscientes dos seus integrantes, na qual possam ser projetados seus sonhos e suas fantasias; não serve de cenário para a vivência e a projeção do imaginário das pessoas.

Segundo Freitas (2002), isso pode ser exemplificado com a busca pela excelência pela maior parte das organizações, situação em que um valor de conquista passa da organização para o indivíduo. É uma busca da empresa e o indivíduo torna essa busca pessoal, procurando suprir a necessidade de ser o melhor. As organizações criam a possibilidade de todos serem heróis por meio de programas internos. Trabalha-se com o imaginário, o desejo de ser o melhor, de superação, de atingir o topo e de ser campeão.

Podemos pensar que a cultura de uma organização vai além de normas, regras, valores. Há uma vida oculta por trás desses elementos muito maior do que aquela que se apresenta; uma vida repleta de simbolismos e significados que a organização contém e que encontra respaldo em seus participantes.

(3.2)
Elementos da cultura

Freitas (2002) elenca oito pontos que se expressam no comportamento organizacional aos quais ele chama de *elementos da cultura*, descritos nos próximos tópicos.

Valores

De acordo com Freitas o autor, os valores expressam o que a organização valoriza em termos de comportamento, área, padrões éticos etc. – tudo o que tem valor para a empresa. Eles são definidos principalmente pelo fundador da empresa e/ou pelos dirigentes. São eles que alinham os valores aos objetivos, aos resultados esperados. Os valores devem estar de acordo com esses objetivos e são usados estrategicamente para o atingimento da missão e dos resultados. Eles são a base de todo o comportamento organizacional, a essência da organização.

Na visão de Foguel e Souza (1985), há valores claros, conhecidos, expressos abertamente e que são comunicados e fazem parte da cultura, bem como recebem divulgação e reforço. Em paralelo, existem na organização valores que não são reconhecidos nem expressos e que estão na área oculta da cultura da organização, porém se manifestam em atitudes, comportamentos e decisões no dia a dia, o que muitas vezes cria a sensação de incoerência entre o dito e o praticado. Normalmente são valores que existem, mas não são bem aceitos pelas pessoas em geral. Os valores podem ser comunicados verbalmente em treinamentos, discursos e reuniões; expressos formalmente em documentos; explicitados de forma simples em frases como "a empresa reconhece o funcionário que fica além do seu horário", "a dedicação e o comprometimento levam ao sucesso". Os valores dão o norte, servem de orientação para o comportamento dos funcionários no que se refere ao que é esperado e reconhecido como importante. Acrescentemos ainda que os valores podem ser permanentes ou mudados conforme as necessidades da organização e o contexto socioeconômico e político da época.

Além disso, como quem define os valores são os dirigentes, é de se esperar que nos níveis mais altos da estrutura hierárquica se encontre uma maior adesão a esses valores. Estes podem ser compartilhados ou não pelos integrantes da organização. Valores compartilhados são aqueles com os quais a pessoa concorda, que fazem parte da lista de seus valores pessoais, assumidos como se fossem seus. Por exemplo, a empresa tem a ética como valor importante, e o funcionário também acredita na importância de se ter um comportamento ético.

Todo valor organizacional que encontra ressonância na lista de valores de seus integrantes se revela mais forte para o atingimento dos objetivos organizacionais e dos objetivos pessoais. Por isso, uma pesquisa realizada por Posner, Kouzes e Schmidt, citados por Freitas (2002), apontou que compartilhar valores tem relação com o sentimento de sucesso pessoal, uma vez que o indivíduo divide com a organização o sucesso alcançado.

O compartilhamento dos valores leva também a um maior comprometimento com a organização, uma vez que o funcionário adota o valor como sendo seu, o que resulta em um senso de responsabilidade maior. Outro ponto relevante é que o compartilhamento de valores gera mais autoconfiança, pois a pessoa sente-se mais segura em defender suas ideias e atuar na empresa, uma vez que se percebe respaldada pela organização.

Podemos concluir que os valores de uma organização indicam a seus integrantes o que é importante e o que é irrelevante, tudo que importa para se conseguir sucesso, ascender na organização e ser reconhecido, tudo que é considerado decisivo nas tomadas de decisões. Os valores são de extrema importância na determinação do funcionamento de uma organização e da condução dos trabalhos.

Crenças e pressupostos

Segundo Foguel e Souza (1985), crenças e pressupostos dizem respeito àquilo em que se acredita, que se crê como verdade e que, por essa razão, geralmente não é questionado. As crenças são criadas a partir da experiência individual ou coletiva, dos modos de pensar e dos mapas cognitivos. O sucesso e a repetição do uso de certas formas de agir e pensar podem levar ao estabelecimento de uma crença, a qual primeiramente é consciente e, posteriormente, é introjetada e passa a atuar de forma inconsciente. Foguel e Souza denotam, assim, que as crenças compõem o mundo oculto da organização.

As crenças dividem com os valores o espaço de centro da cultura de uma organização, sendo assim a base de todo comportamento, jeito de ser e personalidade da organização. No entanto, não são divulgadas abertamente a seus integrantes, uma vez que não se apresentam de forma clara e objetiva, sendo reveladas em ações, posturas e visões. E estão principalmente relacionadas a como a organização percebe seus funcionários, clientes, produtos e mercado.

Gibb, citado por Freitas (2002), apresenta cinco categorias de pressupostos:

1. NATUREZA DOS RELACIONAMENTOS – Consiste em como a empresa vê as relações estabelecidas e pressupõe que elas estão baseadas na igualdade entre os membros ou na diferença entre eles.
2. NATUREZA HUMANA – Refere-se à percepção da índole, da credibilidade e da responsabilidade de cada um e à avaliação para saber se as pessoas são boas ou más, confiáveis ou não, se necessitam de controle ou são

responsáveis. Nas organizações, essa crença/pressuposto se manifesta em alguns pontos, como a confiança delegada e a crença na capacidade dos seus integrantes. A organização que parte do pressuposto de que as pessoas merecem confiança tem um sistema de vigilância mais frouxo, enquanto aquele no qual se crê que as pessoas não são confiáveis mantém um controle e uma vigilância mais acirrados.

3. NATUREZA DA VERDADE – Diz respeito a como são tratadas as informações: se são verdades assumidas e comunicadas ou escondidas e manipuladas. A relação com os funcionários e os clientes é permeada pela franqueza ou pela omissão e pela distorção da verdade.

4. AMBIENTE – Aqui, *ambiente* se refere a um todo: ao ambiente físico, ao mercado, aos clientes etc. Qual é a postura da organização no que tange as situações internas e externas? A tendência pode ser: domínio, controle e busca apenas dos próprios interesses; submissão e medo; ou, ainda, abertura que visa à busca do equilíbrio.

5. UNIVERSALISMO/PARTICULARISMO – Essa crença refere-se ao fato de as regras, as normas e os valores serem aplicados a todos (independente da posição ou cargo) ou só a alguns, sendo feita uma distinção entre as pessoas e existindo, então, dois pesos e duas medidas. As pessoas são tratadas igualmente ou de modo distinto?

Assim como os valores, os pressupostos atuam como reguladores em situações de incerteza e ansiedade, servindo de referência e orientação tanto para situações internas como externas. O ser humano tem necessidade de referências e estabilidade para sentir-se seguro.

Ritos, rituais e cerimônias

Os ritos, os rituais e as cerimônias são atividades criadas pela organização com objetivos específicos, um fim definido. Seguem um ritual, uma forma que simboliza expectativas e desejos, trabalhando com o imaginário das pessoas – ou seja, com a relação entre simbologia e inconsciente.

São alguns exemplos de rituais e cerimônias praticados nas organizações: almoços da amizade, festas dos aniversariantes, eleição do operário-padrão, adoção de símbolos (como placas, crachás e medalhas), recepção de calouros, prêmio para o melhor funcionário, festas de confraternização de Natal.

Deal e Kennedy, citados por Freitas (2002), afirmam que os ritos, os rituais e as cerimônias são usados para comunicar, aos integrantes de uma organização, o comportamento esperado dos funcionários e o que é valorizado, para reforçar os comportamentos positivos e passíveis de premiação e reconhecimento. Esse tipo de prática assume força em razão de normalmente ocorrer em público, perante grupos maiores, em situações nas quais o reconhecimento é visto por muitos.

Os rituais e as cerimônias apresentam uma prática criativa, lúdica da cultura. Ocorre uma encenação em que são dramatizados os valores, as crenças e as regras do jogo para que se mantenha o equilíbrio e a estabilidade, se reduza inseguranças e se aponte os caminhos e os meios para a obtenção de aceitação e sucesso na organização.

Nos rituais e nas cerimônias, há a expressão objetiva ou implícita dos principais valores e crenças da organização. Entre os rituais mais comuns praticados estão os rituais de reforço, nos quais o objetivo principal é reiterar comportamentos, desempenhos e resultados atingidos, reconhecendo-os publicamente. Um exemplo é a escolha do funcionário do ano, momento em que são reforçados o cumprimento das normas, o comportamento disciplinado, o comprometimento com o trabalho, além do bom desempenho.

São comuns nas organizações os rituais de integração, cujo objetivo principal é criar o sentimento de pertencimento e comprometimento com a organização. Um exemplo são as festas de Natal e de final de ano, nas quais a confraternização se faz presente, os sentimentos de solidariedade são salientados e ocorre a liberação das emoções.

Saídas no final do expediente para tomar um chope, jantares e churrascos podem ser usados para minimizar conflitos, situações de tensão entre participantes da equipe ou entre áreas. Os chamados *rituais de redução de conflitos*, normalmente, ocorrem quando o clima se encontra tenso, podendo comprometer o trabalho.

Histórias e mitos

Primeiramente devemos fazer a distinção entre histórias e mitos. As HISTÓRIAS são narrativas baseadas em fatos reais, ocorridos na vida da organização e que servem para veicular e reforçar condutas, comportamentos desejados ou repudiados. Indicam também formas de como resolver problemas, decisões a serem tomadas e a conduta da empresa perante determinados fatos. No MITO há uma distorção da realidade, tanto para o aspecto positivo quanto para o negativo. Usa-se um fato real, no entanto não há sustentação real, ocorrendo uma distorção para atender a alguma necessidade da organização, principalmente para reforçar algum aspecto comportamental.

As histórias podem funcionar como mapas, isto é, indicam comportamentos desejados ou repudiados, servem de modelador do comportamento e controle, definindo os limites permitidos e aceitos. Agem com simbologia, como *scripts*, emitindo mensagens referentes aos posicionamentos daquela organização. Segundo Freitas (2002), as histórias se caracterizam pelos seguintes aspectos:

- são reais, baseadas em fatos acontecidos;
- são de conhecimento de todos, (são divulgadas e contadas);
- são críveis – as pessoas acreditam nelas.

As histórias desempenham um papel importante na divulgação da cultura, uma vez que são de fácil propagação e as pessoas se interessam por elas, pois envolvem a experiê-ncia, a vivência de outras pessoas, servindo como exemplo e gozando de um grande poder de persuasão.

Tabus

Associados a assuntos considerados críticos para a organização, os tabus podem ter relação com tabus existentes na sociedade e que são reproduzidos no ambiente organizacional, como preconceitos de diferentes tipos. Podem também ser algo específico e particular da organização ou, ainda, estar relacionados com algum fato ocorrido que compromete os valores e a reputação ética da organização.

Conforme Foguel e Souza (1985), os tabus ficam na parte oculta da cultura: não são tratados de forma clara e aberta, são pouco comentados e, quando mencionados, isso é feito às escondidas.

Os tabus, mesmo não tratados abertamente, estão presentes nas organizações e servem de orientadores do comportamento e de tomadas de decisão, marcando áreas de risco. Eles reforçam a disciplina, com ênfase no não permitido. Exemplo de tabu pode ser a não aceitação do sexo feminino em cargos mais altos da hierarquia.

Heróis

Tratam-se de pessoas representativas por seus feitos ou por representarem fortemente a organização. Possuem, geralmente, uma influência forte na vida da instituição. Podem ser fundadores ou profissionais associados ao sucesso da empresa ou que a tirou de alguma crise ou situação séria. Os heróis personificam a organização, seus valores e crenças. Servem de modelo a ser seguido, copiado, por representarem força, sucesso, determinação, luta e coragem.

Freitas (2002) explica que os heróis são pessoas visionárias, intuitivas e com perfil empreendedor. Existem os heróis natos e os heróis criados. Os heróis natos são pessoas reais que tiveram os méritos anteriormente relacionados; já os criados trabalham com o imaginário das pessoas. A organização cria heróis para atender a esse imaginário. Como a cultura organizacional se situa no campo do imaginário, o indivíduo busca, por meio da figura do herói, retomar seu sentimento de força e onipotência. Para tanto, a organização cria programas, como metas e desafios, que, ao serem alcançados por um funcionário, fazem-no assumir a cena, a posição de herói, de vencedor. Os heróis criados são temporários, têm tempo marcado, pois outro virá e assumirá a posição.

Segundo o autor, as organizações trabalham com os heróis criados para:

- tornarem o sucesso atingível e humano;
- servirem de modelo;
- simbolizarem a organização no mundo exterior;
- motivarem as pessoas para o sucesso.

Enquanto os heróis criados são temporários, os natos se mantêm por muito tempo na memória da organização, se não por toda a sua vida.

Normas

Presentes em todas as organizações, as normas definem os limites entre os comportamentos esperados e aceitos e os comportamentos puníveis e não aceitos. Estão embasadas em valores e crenças dos integrantes das organizações, principalmente dos dirigentes.

As normas podem ser formalizadas, sendo conhecidas, escritas, faladas e divulgadas abertamente. Há, também, aquelas que regem os comportamentos dos grupos e pessoas, mas não estão registradas e formalizadas, mesmo possuindo força e regulando os comportamentos.

As normas são repassadas por meios formais – comunicados escritos, cartilhas e treinamentos – e de maneira informal – conversas, histórias, heróis, rituais, mitos e tabus que servem de veículo para divulgação.

Comunicação

A comunicação é um processo de troca de informações essencial na vida da organização. Sem comunicação não seria possível a existência de uma organização, já que faz parte de sua existência a inter-relação entre os processos que a compõem.

As pessoas constantemente estão se comunicando, o que pode se dar pela oralidade, pela escrita (documentos), por meio de gestos e comportamentos, bem como de transações simbólicas. Desse modo, nem sempre a comunicação se dá diretamente e de forma objetiva. Na cultura de uma organização, podemos identificar essa linguagem nas simbologias de histórias, heróis, mitos, rituais e cerimônias. Segundo Freitas (2002),

> *As culturas são criadas, sustentadas, transmitidas e mudadas através da interação social – modelagem, imitação, correção, negociação, contar estórias e fofocas, remediações, confrontações e observações (atividades baseadas na troca de mensagens e na definição de significados). As organizações, pois, são vistas como fenômeno de comunicação, sem o qual inexistiriam.*

A comunicação acontece em dois níveis: o nível tático, que se refere à forma, aos meios, e o nível temático, que se refere ao conteúdo, ao tema da comunicação.

Deal e Kennedy, citados pelo autor, entendem que a comunicação se dá em forma de rede, em que as pessoas assumem papéis diferenciados, conforme suas posições, características, personalidades, experiências e vivências. Esses papéis seriam os seguintes:

- CONTADORES DE HISTÓRIAS – São pessoas que têm acesso a informações, ajustam os acontecimentos às suas percepções (normalmente, estão em cargos de poder) e possuem interesse em tornar a história conhecida.
- PADRES – São pessoas defensoras dos valores da organização e que estão preocupadas em preservar a integração do grupo.
- CONFIDENTES – São pessoas que não possuem poder formal, mas sim informal; são capazes de ter uma percepção aguçada dos fatos e são bem informadas.
- FOFOQUEIROS – São pessoas que estão sempre atentas aos acontecimentos, que sabem de detalhes dos fatos e os repassam sem censura – e que, normalmente, não estão em cargos de destaque.

- **Espiões** – São pessoas que têm acesso a pessoas de diferentes níveis, levando informações para uso de interesse da organização.
- **Conspiradores** – São duas ou mais pessoas que estabelecem aliança para arquitetarem fatos em prol de interesses próprios.

Atividade

1. Realize uma visita a uma empresa com o objetivo de pesquisar e identificar sua cultura, tomando como referência os oito elementos relacionados no capítulo. O trabalho deve incluir caracterização da organização, sua história, estruturação e práticas que indicam sua cultura.

(**4**)

Comportamento e
processos inconscientes

Neide Pérsico

As organizações modernas estão muito presentes na vida das pessoas e refletem a história social do tempo e do espaço em que estão inseridas. Além disso, elas se estruturam com objetivos específicos e, para tanto, fazem uso de recursos, materiais, tecnologia e pessoas. Sem as pessoas as organizações não funcionariam, pois são estas que lhes dão vida e dinâmica.

No terceiro capítulo, abordamos uma posição compartilhada por estudiosos das organizações: a de que elas se apresentam como um mundo mais complexo do que parece.

A visão mecanicista de que os comportamentos são previsíveis, de que a realidade organizacional é objetiva, de que o ser humano é uma peça de toda essa engrenagem e apenas presta um trabalho – não devendo manifestar sentimentos, desejos e necessidades – é uma visão simplificada do comportamento organizacional. Essa organização idealizada pelos defensores do modelo burocrático, formulado por Max Weber, não se concretizou como modelo ideal.

Morgan (1996), analisando o comportamento do ser humano diante das transformações da sociedade, das mudanças e das inovações tecnológicas, afirma que o homem, em meio a todo esse avanço, continua mantendo a mesma estrutura dinâmica, as mesmas necessidades – ou seja, o mesmo "coração".

Este capítulo se propõe a pensar a relação do homem com as organizações, os tipos de vínculos que são estabelecidos e as necessidades que são atendidas e vivenciadas nos ambientes de trabalho. Para tanto, vamos nos utilizar de conceitos da psicanálise.

Já fizemos referência anteriormente aos conceitos de Freud e ao modelo topográfico da mente humana, composto por consciente, pré-consciente e inconsciente. A grande descoberta de Freud foi a existência de uma parte de nossa mente que é desconhecida, ignorada pela pessoa, chamada de *inconsciente*.

Apesar de desconhecida, nessa parte estão registrados memórias de experiências, sentimentos que conflitam com a consciência, fantasias, desejos não aceitos pelas pessoas e represados por motivos (na maior parte das vezes) ignorados pelo sujeito. O grande feito de Freud foi essa descoberta e a verificação da influência do inconsciente no comportamento das pessoas, na maneira como vivem e sentem, bem como nos vínculos que estabelecem. Aqui vamos nos ater ao vínculo com as organizações de trabalho, que muitas vezes transcende a relação funcional, em que existe troca de trabalho por remuneração.

(4.1)
A organização como cenário para a vivência de processos inconscientes

Primeiramente, vamos abordar as consequências do surgimento das organizações, como ambientes de trabalho, na vida psíquica das pessoas.

Como comentamos no primeiro capítulo, até a Revolução Industrial, o trabalho basicamente acontecia na agricultura e nas oficinas e os trabalhadores eram donos do seu próprio negócio: não tinham um horário definido, não estavam submetidos a regras que determinavam seu comportamento e regulavam sua liberdade conforme sua necessidade de trabalho.

Com o surgimento das fábricas, o trabalho sofreu grandes mudanças e, consequentemente, também a sociedade como um todo. O homem foi obrigado a deixar as oficinas e a agricultura para trabalhar nas indústrias e lá se submeteu ao cumprimento de horários, à exigência de produção, a regras, enfim, a uma rotinização ainda não experimentada. Segundo Freud (1974), a sociedade criou regulamentos para ordenar a vida de seus integrantes, privando-os de sua liberdade pulsional, à qual tiveram que renunciar em prol da convivência social.

As organizações exercem essa função: controlam o comportamento de seus integrantes e o padronizam em função dos objetivos organizacionais. Para ser aceito, o homem se submete a esse controle. Buscando adaptação e segurança, ele segue o princípio da realidade, submetendo-se à função de trabalhador automático. O modelo burocrático reprime psíquica, cultural e inconscientemente as pessoas.

Morgan (1996, p. 205) afirma que as organizações são fenômenos psíquicos, no sentido de que são processos conscientes e inconscientes que as criam e as mantêm. Para ele, as pessoas podem, na verdade, tornar-se prisioneiras de imagens, ideias, pensamentos e ações que esses processos acabam por gerar. O autor observa ainda que os indivíduos, no seu dia a dia, são iludidos por ideias e pensamentos provenientes de percepções limitadas que cada um tem da realidade.

Essa percepção distorcida da realidade pode ser superada ou amenizada pelo esforço do autoconhecimento, ampliando a percepção para além do objetivo, do aparente. Algumas pessoas, empenhadas nesse caminho, conseguem ter uma visão mais clara das situações e dos fatos; outras, por resistência e incrédulas quanto à existência de processos inconscientes, ficam limitadas à percepção objetiva. Os seres humanos percebem a realidade conforme suas vivências e vivem suas vidas conforme suas histórias.

As experiências, os tipos de vínculo estabelecidos, as inseguranças, os medos e as crenças são elementos que determinam como as pessoas se posicionam no mundo.

A personalidade é formada à medida que a pessoa aprende a lidar com seus impulsos internos, seus desejos e os conflitos que daí advêm. No desenvolvimento da personalidade, esses impulsos e desejos que não estão de acordo com a consciência moral, ou ao que é esperado, vão sendo reprimidos e mantidos sob controle. É assim que vai se formando o inconsciente, que se torna um reservatório de repressão. Com o passar do tempo, esses conteúdos guardados no inconsciente se manifestam em traços de personalidade, e o indivíduo aprende a se proteger e controlar seus conflitos internos, suas necessidades e o sentimento de culpa.

O modelo mecanicista-burocrático é um exemplo de organização que reserva um significado oculto para seu excessivo zelo pela regulamentação, pelo planejamento, pelo controle e pela rotinização das suas atividades, bem como pela obediência e pela disciplina.

Essas características são pertinentes à personalidade obsessivo-compulsiva. As pessoas com esse tipo de personalidade buscam a segurança por meio do controle, procuram ter conhecimento de tudo que as cerca. Elas são rígidas quanto ao cumprimento de suas responsabilidades e buscam fazê-lo sempre da melhor forma, tendo dificuldade em aceitar falhas cometidas por elas mesmas e por outros. Prezam pela organização e procuram repetir o modo de realização de suas atividades.

As pessoas com esse tipo de perfil sentem-se confortáveis em trabalhar em empresas burocráticas, uma vez que suas características individuais encontram apoio no sistema. A repetição e o controle exercido pela organização atendem a uma necessidade interna de controlar o seu comportamento e o das outras pessoas para se sentirem seguras.

A forma de organização burocrática, a regulamentação excessiva, o controle sobre o comportamento das pessoas, o planejamento e a programação rígida do trabalho, bem como a valorização do cumprimento de regras, da obediência, da produtividade, do dever e da disciplina são características que ocultam um funcionamento obsessivo-compulsivo.

Ao fazer referência à história de Taylor, considerado o pai da administração científica, conhecido por seus trabalhos relacionados à organização e à especialização dos trabalhos, Morgan (1996) afirma que esse estudioso revelava uma personalidade com características obsessivo-compulsivas, com uma forte necessidade de controlar e dominar sua vida, que era completamente regida por horários rigidamente controlados, tanto no campo profissional como no pessoal.

O autor relata que mesmo suas caminhadas eram cuidadosamente planejadas, cujo tempo era cronometrado. Taylor já manifestava esses traços desde criança, quando a disciplina, o controle das emoções, a meticulosidade e a perfeição nos seus trabalhos estavam sempre presentes. Ele pertencia a uma família de posses e apresentava comportamento puritano. Na adolescência e, mais tarde, na vida adulta, continuou a apresentar tais características. Taylor encontrou na organização burocrática um campo para empregar toda a sua ansiedade em organizar, disciplinar e controlar de forma rigorosa o ambiente. Na verdade, o que desejava inconscientemente era pôr ordem em seu mundo interno e controlá-lo. Organizar o ambiente externo, disciplinar e controlar o comportamento das outras pessoas seria um modo de controlar suas emoções internas, as quais viviam em constante conflito.

Não foi Taylor quem idealizou o modelo mecanicista, mas ele encontrou na organização um interesse por controles rígidos e disciplina que foram reforçados com suas teorias.

A manifestação do inconsciente não se dá somente no exemplo de organização burocrática. Há também os labormaníacos (*workaholics*), pessoas com mania de trabalho, que canalizam para o trabalho toda a sua energia reprimida. Existe a sublimação dos impulsos, que são convertidos em uma atividade socialmente valorizada. Ocorre uma desenfreada canalização de energia para a vida profissional, realizando-se longas jornadas de trabalho e deixando-se a vida pessoal e familiar em segundo plano. Trata-se de um compulsão pelo trabalho. Esse tipo de comportamento pode servir para encobrir problemas emocionais (problemas de vínculo, autoestima e ansiedade), como se fosse uma fuga das dificuldades internas.

Muitas organizações dependem desse tipo de comportamento e o estimulam, uma vez que, a princípio, quanto maior o envolvimento do funcionário com o trabalho, mais ele contribuirá com o resultado.

Há empresas que se caracterizam por uma cultura que estimula comportamentos autoconfiantes e exibicionistas, sendo que o fato de serem admiradas e reconhecidas como melhores traz uma satisfação exagerada aos seus integrantes. Aqui também pessoas com características fálico-narcisistas, que necessitam da admiração dos outros, desejam ser o centro das atenções e apresentam comportamentos individualistas conseguem satisfazer essas necessidades internas pessoais.

Os valores culturais que servem para integrar o grupo podem ter sua origem em motivos inconscientes. Por exemplo, empresas que exageradamente reforçam os laços entre os membros da equipe de trabalho podem ocultar a presença de fantasias de desintegração do grupo. Semelhantemente, a necessidade de idealização e promoção de conquistas de forma exagerada, como se o grupo fosse o melhor, sem falhas, propicia que todas as falhas e sentimentos como ineficiência e inveja sejam projetados em outras pessoas, não pertencentes à equipe. Ocorre a idealização da equipe como forma de autoproteção e a desvalorização dos outros, que servem de depositários de seus pontos negativos e de sentimentos considerados maus pelo grupo.

Outras empresas se caracterizam por reforçar a competição, a luta entre seus componentes, gerando comportamentos competitivos e inveja entre os próprios membros, ao invés de os projetarem em membros de outros grupos. Esse tipo de funcionamento leva ao boicote do sucesso de colegas, minando as relações. A presença da ansiedade persecutória (o boicote e a falta de confiança) acaba inibindo o desempenho e o estabelecimento de relações de confiança na organização.

Morgan (1996) usa a metáfora de prisões psíquicas para representar esses comportamentos estabelecidos entre a organização e os indivíduos, afirmando que tais comportamentos levam ao aprisionamento de padrões de pensamentos e crenças originadas no inconsciente das pessoas. O autor refere-se a esses processos como armadilhas, explicando que os homens são prisioneiros das armadilhas do próprio inconsciente.

As organizações em geral, principalmente as indústrias, seguem um modelo patriarcal, em que prevalecem valores masculinos, como a racionalidade, a disciplina, o comando, a autoridade, características que reprimem o lado feminino, em que as marcas são a criatividade, o apoio e a intuição. Em organizações mais formais, ocorre uma reprodução da relação pai-filho na relação chefe-subordinado, na qual as ordens são aceitas em clima de obediência.

A estrutura das organizações remete à estrutura familiar, podendo aquela ser uma extensão desta. Sobre a abordagem patriarcal, Morgan (1996, p. 218) afirma que,

> em contraste com valores matriarcais, que enfatizam amor incondicional, otimismo, confiança, compaixão e uma capacidade de intuição, criatividade e felicidade, a estrutura psíquica de família dominada por homens tende a criar um

sentimento de impotência, acompanhado por um medo e dependência da autoridade.

A liderança dentro das organizações também pode refletir aspectos inconscientes. Alguns se relacionam de forma distante, fria com seus subordinados ou colegas por não suportarem a competição e a rivalidade, por nutrirem sentimentos de inveja e raiva inconscientemente guardados.

Max Weber, citado por Morgan (1996), estudando as organizações burocráticas, concluiu que, quanto mais eficiente o modelo burocrático, mais este consegue reprimir os aspectos humanos.

O que não devemos deixar de comentar é que esses aspectos não são suprimidos pacificamente, essas forças lutam por revelar-se e ressurgir do inconsciente reprimido. Muitos desses aspectos ressurgem em forma de estresse, mentiras, fraudes, depressão e doenças ligadas ao trabalho.

As organizações são sistemas em que coexistem os da cultura, do simbólico e do imaginário. O cultural refere-se à cultura organizacional que toda organização apresenta; o simbólico diz respeito aos mitos, aos rituais e aos símbolos que fazem parte do comportamento organizacional; o imaginário é onde o cultural e o simbólico se realizam – sem ele, os dois aspectos anteriores não seriam possíveis.

As empresas podem fazer uso do imaginário de duas formas. Existem aquelas em que as armadilhas psíquicas são reforçadas, prendendo as pessoas a aspectos que as impedem de se sentirem mais livres. Tais armadilhas podem estar relacionadas a desejos narcisistas de onipotência, à carência de amor e de segurança, necessidades que podem ser atendidas pela organização. Existem, também, organizações que fazem uso do imaginário em prol da criatividade, e não do aprisionamento por armadilhas psíquicas.

Freud (1974) aponta três ameaças principais de sofrimento para a pessoa: a primeira é a dirigida ao corpo físico, a segunda é a proveniente do mundo externo na forma de ameaça de destruição e a terceira ocorre em função das relações estabelecidas durante a vida. O autor entende ser a terceira a maior fonte de sofrimento e dor. Enfatiza que a perda de relacionamentos estabelecidos ao longo da vida, desde a infância até a vida adulta, é a maior fonte de dor para o sujeito.

Segundo Freud, a relação da empresa com o trabalhador é de dor, uma vez que, para adaptar-se, o sujeito deve renunciar aos impulsos não aceitos, não permitidos nesses ambientes, reprimindo-os. Há uma submissão por necessidades materiais ou necessidades psíquicas inconscientes.

Grandes empresas fazem uso de uma cultura forte, com rituais, mitos, crenças e valores fortemente utilizados a fim de eliminar ou minimizar angústias e ansiedades individuais e transformá-las em sentimentos coletivos como forma de alívio do sofrimento emocional.

Dejours (1987), referindo-se à despersonalização a que muitas organizações forçam seus funcionários a se submeterem, afirma que isso acaba gerando uma despersonalização dessas pessoas também fora do trabalho. Assim, mesmo em casa, elas repetem comportamentos estereotipados adquiridos no ambiente de trabalho, como, por exemplo, o ritmo acelerado com que realizam algumas atividades fora da empresa, reproduzindo o ritmo imposto no trabalho.

Toda pessoa tem defesas psíquicas; quando estas falham, não conseguindo mais manter sua integridade mental, cria-se um campo fértil para o estabelecimento de psicopatologias.

No desenvolvimento da personalidade, o sujeito cria uma imagem ideal de como gostaria de ser com base nas expectativas e nos modelos dos pais ou das pessoas importantes em sua vida quando criança. Na tentativa de ganhar o amor e o reconhecimento dessas figuras, alguns indivíduos ficam presos a essa imagem e procuram perseverantemente atingir esse ideal, chamado *ideal de ego*, o que explica o comportamento de muitas pessoas na luta pelo reconhecimento nas organizações, não só pelos ganhos materiais e pelo *status*, mas também pela conquista do reconhecimento interno.

Por outro lado, as empresas trabalham estimulando essa busca pelo ideal de ego, e o sujeito, seduzido pela imagem do espetacular, pela fantasia de retornar ao sonho de onipotência e grandeza vividas na infância, adere a essa busca. Não há patologia no estabelecimento de um ideal de ego, pois este faz parte do desenvolvimento da personalidade; no entanto, ele pode aprisionar a pessoa que o busca como se fosse a única forma de receber reconhecimento e ser amada.

As organizações se mostram como um cenário em que muitos desejos e necessidades pessoais podem ser satisfeitos. O narcisismo individual, por exemplo, encontra aí a oportunidade para se manifestar e para o indivíduo realizar a ilusão de ser uma pessoa forte, ideal, cheia de atributos a serem reconhecidos e admirados. Essa busca do ideal pessoal no ideal organizacional, proposto pela empresa, pode levar o sujeito a uma dependência e acabar confundindo o seu EU com a identidade da organização.

O cenário profissional, o *status* e o prestígio oriundos da atuação profissional podem se tornar o único meio para obter sucesso e realização pessoal, a única fonte que dá sentido a essa busca. Freitas (2002, p. 63) escreve sobre essa possibilidade:

As organizações modernas acenam com a possibilidade de todos serem heróis, desde que assumam sua "natureza" esportiva de ganhador. O heroísmo é socialmente transmissível, a ação, supervalorizada; e a rapidez, o tempo em que tudo deve se dar. O narciso que existe em cada um é chamado a se manifestar, não de vez em quando, como é normal, mas permanentemente.

As pessoas são, pois, incentivadas a serem as melhores, a chegarem ao nível de excelência, superando a si mesmas e aos demais. No entanto, como não há lugar para todos, é estimulada uma competição perversa, em que superar é o que importa, independente dos meios usados para isso; o chegar ao topo é mais importante, tanto para o indivíduo como para a organização. Dessa forma, o que, a princípio, se mostra como uma forma de buscar resultados, revela-se, posteriormente, como uma perversidade que compromete a própria empresa.

Nos tempos atuais, as grandes empresas tendem a criar o modelo de comunidade ou de família. O que liga as pessoas não é mais apenas o aspecto profissional, mas sim as relações vividas nesses ambientes. Relações vivenciadas em outras épocas na comunidade, na igreja, na escola, nas atividades do bairro e na família hoje são supridas pelas empresas em atividades e encontros, na forma de laços que se estendem para a família do funcionário. Muitas empresas reforçam, assim, o sentimento de serem uma família.

Giddens (2002, p. 38) explica que "A modernidade, pode-se dizer, rouba o referencial, protetor de pequena comunidade e de tradição, substituindo-as por organizações muito maiores e impessoais". O indivíduo encontra-se privado de referenciais que sirvam de apoio psicológico e que lhe deem segurança – e o vazio é ocupado pelas organizações.

Freitas (2002) relaciona três processos inconscientes: transferência, identificação e idealização, os quais comumente são experimentados pelas pessoas nas organizações em razão da estrutura, das características e do funcionamento de tais ambientes, que servem de cenário para a vivência e a revivência de processos psíquicos inerentes à dinâmica humana.

(4.2)
Processos inconscientes vividos nas organizações

Transferência

Trata-se de um conceito da psicanálise que se refere à experiência de uma pessoa reviver, no momento atual, com outra pessoa, organização ou objeto, uma relação vivenciada em seu passado, especialmente na infância. O sujeito projeta e reproduz em alguém, na atualidade, um tipo de relação, um sentimento já experienciado com outra pessoa importante no passado, podendo transferir a essa figura do presente sentimentos como amor, ódio, dependência e proteção.

As pessoas estabelecem tipos de relações novas, no entanto, por questões que não foram bem elaboradas e superadas. Existe a repetição de relações como forma de resgate, sendo que isso pode se dar na vida profissional (no trabalho) e na vida pessoal.

Já foi visto que as pessoas se ligam a uma organização não apenas por questões materiais, mas estabelecem laços afetivos e psicológicos com ela. A organização reproduz, por sua estrutura de autoridade, a estrutura familiar, servindo como meio propício para a reprodução de relações vividas na família. A questão do sujeito de carreira, da disputa por uma situação ou cargo de poder, em que há a competição entre colegas, com, talvez, a "derrubada" de outros, remete à fase edipiana, na qual ocorre a luta pelo amor, pelo reconhecimento e por privilégios. Essa disputa cria a rivalidade entre os irmãos perante os pais. Da mesma forma, integrantes de uma equipe de trabalho disputam a atenção, o reconhecimento e a valorização por parte de seus superiores, não só para obter maior remuneração, mas também para ter ganhos psicológicos. A ambição (isto é, a determinação na ascensão profissional) pode ser motivada pelo desejo de ocupar o lugar de autoridade, anteriormente ocupado pela figura parental.

A relação de dependência estabelecida entre um indivíduo e a figura de chefe ou a própria organização pode ser a reprodução de um comportamento dependente estabelecido com uma figura no passado. A busca por amor, aceitação e reconhecimento se reproduz na busca por elogios e reconhecimento por parte da organização, na figura da chefia. Com relação a isso, Freitas (2002) observa: "Fonte de aprovação ou reprovação, de prazer ou castigo, de aceitação ou rejeição, a organização pode configurar relações em que a atenção dos pais é substituída pela dos chefes, dos pares ou da organização [...]".

O processo de transferência na organização pode se dar de forma espontânea ou ser induzido. São reforçadas as relações de obediência e lealdade, como também as demonstrações idealizadas, narcisistas e agressivas com o foco dirigido para a produtividade.

No processo de transferência induzido pela organização, a manifestação se dá nas relações, nos afetos, nos sentimentos, nas qualidades, nas atitudes e nos comportamentos dirigidos aos objetivos organizacionais.

O erro e o medo de "não ser tão bom" assumem um valor muito maior na organização, já que são testemunhados por todos. O testemunho do grupo diante de um erro e o não reconhecimento acentuam o valor do problema e o medo da vergonha. Segundo Freitas (2002, p. 89), vivemos numa sociedade em que a vergonha assumiu um peso maior, uma vez que atinge o sujeito na sua intimidade, ao ser testemunhada por outras pessoas.

Identificação

Trata-se de um processo psíquico interno e que acontece de forma não consciente. Ocorre quando uma pessoa assume característica, qualidade ou traço de personalidade de outra pessoa, agindo como se fosse seu. A identificação pode ocorrer não apenas com relação a outras pessoas, mas também com relação a uma organização, sendo que pode ser parcial ou total, dependendo da situação. É uma expressão de vínculo amoroso, afetivo ou hostil.

A identificação pode se dar em uma comunidade ou grupo, quando aparece algum aspecto em comum. E quanto maior e mais significativa for essa similaridade, maior a possibilidade de a identificação se estabelecer. Ao longo da vida, a pessoa realiza várias identificações e pertence a grupos diversos com os quais se identifica. Importa ressaltar que a identificação é um indicador de vínculos, independente da base dessa identificação. A empresa onde uma pessoa trabalha pode adquirir enorme importância como referência de valor e pertencimento: a identidade individual se identifica com a identidade da empresa e o sujeito vê como pertencente à sua pessoa os valores, a missão e os projetos de organização.

Muitas empresas, na vida moderna, apresentam-se como único lugar de valor e provedor de todas as necessidades, colocando-se em posição de destaque e servindo de modelo para identificação e idealização.

Diante de indivíduos com fragilidades de identidade, que vivenciam enfraquecimento dos vínculos sociais e familiares, carências afetivas, insegurança quanto à condução da própria vida, ausência de modelos de referência e apoio, a organização se apresenta como referência de força e sucesso. É nesse sentido que a pessoa identifica-se com o ideal organizacional e abraça os objetivos da empresa como se fossem seus. Essa identificação também é incentivada pela empresa e conduzida para seus objetivos.

Um exemplo dessa situação acontece quando um funcionário se mostra resistente e hostil ao seu chefe, podendo experimentar ansiedade pelo medo de retaliação e rejeição. Como forma de equacionar a situação, pode identificar-se com a chefia, realizando um processo de identificação com o agressor, como forma de fugir e livrar-se de sentimentos de perseguição e exclusão por parte do superior.

A identificação, apesar de ser um processo que se realiza internamente, é passível de contestação e questionamento – ou seja, o indivíduo pode ter consciência de tal processo e mudá-lo.

Idealização

É o processo pelo qual o objeto é promovido à condição de perfeição. Podemos entender por objeto: uma pessoa, uma organização, uma religião. Quando ocorre a idealização, o objeto está fora de qualquer questionamento quanto à sua perfeição e, então, ocorre a exaltação psíquica.

Quando se promove algo ou alguém à perfeição, isento de qualquer defeito, ocorre um revestimento de forma especial. Estar próximo, vinculado ou pertencer ao objeto idealizado passa a ser um merecimento, o qual, muitas vezes, é pago com uma redução da estima da própria pessoa. Uma vez que o ideal é o outro, o perfeito é o objeto. Pode ocorrer o processo de identificação com o objeto idealizado como forma de preenchimento e enriquecimento do EU.

Na sociedade atual, a idealização de modelos é realizada com frequência. É comum empresas de sucesso se colocarem na condição de vencedoras e ideais, merecedoras de admiração e devoção, posicionando seus funcionários como merecedores de participar, compartilhar e fazer parte dessa perfeição. Buscam, por meio disso, a dedicação e o comprometimento sem questionamentos. Toda idealização, no entanto, leva a uma dependência e a uma distorção da percepção, em que a crítica fica ausente, sendo que o idealizador corre o risco de ser a sombra do idealizado.

Mais do que nunca, as empresas apresentam-se como ideais e perfeitas, não reconhecendo erros, falhas, defeitos e procurando um devotamento completo de seus integrantes.

Atividade

1. Complete as frases a seguir com palavras-chave encontradas no texto do capítulo.
   a. Morgan concebe as organizações como .... onde processos conscientes e .... são vivenciados.
   b. Processos inconscientes se apresentam no dia a dia nas relações interpessoais e com a própria organização. A .... é um processo inconsciente através do qual a pessoa reedita, revive, na atualidade, modelos de relacionamentos vividos na infância.

c. As organizações têm usado o .... das pessoas em prol do atingimento de seus objetivos.

d. Nos tempos atuais, as organizações se apresentam como referência, servindo de modelo de ....
e ....

e. A mania por trabalho é denominada ....

(5)

Personalidade e motivação

Neide Pérsico

As organizações são sistemas que necessitam de pessoas para existirem e se manterem. Diferentemente do que prega a teoria mecanicista, o comportamento humano é complexo e apresenta razões diversas.

Com o objetivo de aprofundarmos o conhecimento acerca do comportamento humano e das relações no ambiente da organização, abordaremos, neste capítulo, o desenvolvimento da personalidade, os tipos dela e a motivação.

(5.1)
Personalidade

Toda pessoa sofre um processo de desenvolvimento. Cada ser humano possui uma estrutura física própria da espécie, ainda que seja única. O desenvolvimento do sistema nervoso estabelece os limites do temperamento e da inteligência. As variações de temperamento, parte herdada, sofrem influência do ambiente, bem como o influenciam. O sistema nervoso possui a capacidade de registrar, armazenar e integrar as experiências da pessoa, tornando possível o desenvolvimento da personalidade.

É com o passar do tempo, o acúmulo de experiências, as relações sociais, as crenças, os desejos, os valores e os padrões de comportamento adaptativos que o sujeito vai se tornando único.

Kolb (1977, p. 49) define personalidade como "O conjunto distintivo constituído por padrões e tendências comportamentais relativamente permanentes de um dado indivíduo". O mesmo autor explica que, ao nascer, o indivíduo já carrega em si uma predisposição, padrões inscritos ou potencialidades para desenvolver sua personalidade, mas isso depende também da forma como acontecerão os sucessivos estágios de seu desenvolvimento, se ocorrerão de forma harmoniosa, tranquila, integrada e se há um percurso normal nos níveis biopsicológico e biossocial, nas fases de infância, adolescência, maturidade e velhice.

Existem estágios de amadurecimento no desenvolvimento da personalidade, sendo que cada fase apresenta-se como consequência da anterior. O desenvolvimento é formado por etapas, cada qual com suas particularidades, problemas e necessidades. Se as fases não são passadas de forma satisfatória, pendências são levadas para as fases posteriores, gerando dificuldades e problemas.

Normalmente, quando falamos sobre a personalidade de alguém, estamos nos referindo aos traços que o fazem diferente de outras pessoas, que chamamos de *traços individuais*. As pessoas são classificadas, conforme suas características, em introvertidas, extrovertidas, seguras, inseguras e assim sucessivamente.

Como vimos no segundo capítulo, segundo Freud, citado por Kolb (1997), a personalidade é formada por três partes, chamadas de *três instâncias*: *id*, ego e superego.

O ID é a estância na qual residem os impulsos primitivos, aqueles fisiologicamente determinados, como respirar, saciar a fome, garantir a integridade física e procriar (o instinto sexual). O instinto de proteção contra a dor emocional, a angústia e a raiva também é encontrado no *id*, que é a fonte de toda a energia psíquica da personalidade. Nele operam dois instintos opostos, duas forças contrárias: o de criação (o da vida) e o de destruição.

O *id* opera pelo princípio do prazer: isso quer dizer que ele busca sempre o prazer, a satisfação da vontade, da necessidade, independente de qual seja, de vida ou de destruição. Há constante busca pelo alívio da tensão e pela evitação da dor. O objetivo do *id* é a satisfação imediata e irrestrita dos instintos. Para realizar isso, ele conta com dois processos: a ação reflexa e o processo primário.

A ação reflexa é uma reação inata que geralmente conduz a uma imediata redução da tensão. Já o processo primário envolve uma reação psicológica mais complexa. A tensão, que gera desconforto e não consegue ser liberada ou satisfeita diretamente, busca a satisfação por meio de uma imagem mental, como, por exemplo, a imagem de um alimento para poder satisfazer temporariamente uma pessoa faminta. É a satisfação por meio de uma imagem, uma fantasia.

Para Freud, a psique de uma pessoa é dominada pelo *id*, que se apresenta de forma inconsciente para a pessoa, forma que se manifesta no ego.

O EGO é a parte da personalidade que provém do *id*. É uma parcela do *id* modificada por influência do mundo externo, isto é, pelos pais, pela escola, pelo ambiente social etc. O ego é considerado o executivo da personalidade. É ele que busca a satisfação das exigências e dos instintos do *id*, faz a triagem do que é possível ou não e prevê as consequências da satisfação dos instintos e das necessidades deste. O ego é quem estabelece relação entre a realidade externa e o mundo interno da pessoa; ele busca soluções para as demandas dessas duas realidades.

A terceira instância da personalidade é o SUPEREGO, que é formado a partir da relação com as pessoas importantes na vida da criança. É onde estão inseridos os padrões éticos de conduta, a moral. O superego se forma durante o período da infância, no qual o ser humano fica sob a orientação dos pais. Ele é o representante interno dos valores, da ética e da moral que são transmitidos à criança pelos pais ou pelas pessoas importantes e são reforçados via recompensas ou punições. A criança introjeta os conceitos de certo e errado, permitido e proibido, legal e ilegal, bem como as consequências desses comportamentos. O superego é, então, o policial interno do sujeito. É por intermédio dele que a pessoa opta por um ou outro comportamento conforme o que ficou registrado como certo ou errado e passível de punição ou não. Quanto mais forte e rígido o superego interno se apresentar, menor tolerância a pessoa terá a comportamentos que classificar como não aceitáveis. É do superego que provêm os sentimentos de culpa quando a pessoa não age como julga que deveria.

Didaticamente podemos dizer que o *id* representa a parte inata dos impulsos, as necessidades fisiológicas e a busca pela satisfação e pelo prazer. O superego são os padrões éticos, a moral apreendida e introjetada das figuras parentais, nele está a imagem do ego ideal, isto é, a imagem do EU idealizado. Por fim, o ego é formado pelas vivências da pessoa. O *id* e o superego são o passado que influencia o ego, o presente.

O ego tem a função de equacionar os impulsos do *id* e as exigências do superego, propiciando um comportamento aceitável, sem extremos sacrifícios das necessidades instintivas, das necessidades emocionais e dos ideais éticos. O ego é um mediador entre os impulsos do *id* e as inibições do superego. A dinâmica de cada personalidade está relacionada com a liberação ou o bloqueio das demandas do *id*.

Os princípios lógicos do pensamento racional não se aplicam aos processos do *id*. Nele não existe noção de tempo, de bem ou mal ou de qualquer aspecto moral.

Tipos de estrutura de personalidade

Bergeret (1988), em seus estudos das estruturas da personalidade, relacionou quatro pontos que diferenciam uma estrutura da outra:

- natureza da angústia interna;
- tipo de relacionamento com os objetos (pessoas, instituições, religião etc.);
- principais mecanismos de defesa usados;
- sintomas (em caso de psicopatologia).

Essas estruturas não se referem somente ao comportamento observável e aparente, mas também à estrutura psíquica que leva a pessoa a esse comportamento.

Para Bergeret (1988), personalidade e caráter são usados como sinônimos. A maneira como a pessoa se relaciona (defendendo-se ou adaptando-se), a forma como são dirigidas e tratadas suas necessidades, o nível de conflito interno, as angústias e o nível de fantasias formam a base do CARÁTER. Este (a personalidade) é então resultado das exigências pulsionais internas e do meio exterior. O autor escreve sobre a formação do caráter:

> Atualmente a maioria dos autores parece estar de acordo acerca da estabilidade e constância do caráter. Esta constância dependeria tanto de dados inatos do ego quanto de fatores adquiridos muito precocemente, depois mais tardiamente, ao nível de estruturação, comportando as inevitáveis fixações e regressões, das quais o caráter seguiria correspondentes as contorsões mais ou menos arcaicas. (Bergeret, 1988, p. 168)

Como podemos constatar, o autor reforça a importância do fator hereditário, das experiências dos primeiros anos de vida, resultando em uma estruturação de personalidade que se manifestará em comportamentos, certamente com fixações e regressões a etapas anteriores do desenvolvimento.

A organização do caráter corresponde a uma estrutura latente que se revela no comportamento e que é fruto dos progressos e dos fracassos nas diferentes etapas da evolução da personalidade. Portanto, a fixação em uma das fases, a capacidade de se relacionar, o manejo de sentimentos contraditórios, a forma como lida com demandas pela satisfação dos impulsos de prazer e com as restrições da realidade, as identificações com as pessoas e a formação do superego influenciam na formação da personalidade.

O autor relaciona tipos de caráter que representam as estruturas latentes. Apresentamos a seguir alguns dos diferentes tipos de estruturas.

1. *Caráter histérico de conversão*

As pessoas com esse caráter dispõem de uma rica expressão imaginária e uma forte dramatização dos sentimentos e das situações, além de serem facilmente sugestionáveis. Em suas relações, alternam momentos de proximidade afetiva e retraimento provocativo. Possuem uma riqueza na linguagem expressiva, mas passam com facilidade para um comportamento "rabugento". As emoções são vividas de forma exagerada. Assim, fatos que, para outros, passariam sem significado, para essas pessoas são tidos como muito significativos. Há uma imaturidade afetiva, um medo de desagradar as pessoas e uma instabilidade emocional. Elas buscam a admiração das pessoas e mostram-se, seguidamente, com comportamento dependente.

2. *Caráter histerofóbico*

Esse tipo de caráter traz uma estrutura de relacionamento bem adaptada, interiormente e exteriormente. São pessoas atentas aos acontecimentos do ambiente e que apresentam angústias flutuantes, mas leves, sendo suas causas, normalmente, exteriores e afetivas. Figuram como indivíduos sentimentais, com objetivos ideais, que têm necessidade de parecerem (e serem) virtuosos, o que é uma formação reativa contra desejos sexuais e agressivos não aceitos pelo superego. Os mecanismos de deslocamento e evitação estão presentes com frequência. Ocorre o medo (ansiedade) de punição provindo do superego, em razão de sentimentos e fantasias não aceitos por essa parte da personalidade. Esse medo é deslocado para o exterior e aceito normalmente. Por exemplo, uma pessoa pode ter medo de animais e de lugares fechados, que é racionalizado e concebido como normal.

3. Caráter obsessivo

São pessoas voltadas para a ordem, a organização, a limpeza e a obstinação. Há uma necessidade de viver em ordem, seguindo regras, de modo que tudo aparentemente pareça "sob controle". Apresentam crises de consciência, timidez e inibição e possuem uma certa dificuldade de viver seus desejos. Comportamentos de dúvida, insegurança e isolamento, bem como pensamentos mágicos, expressos em superstições e manias, são característicos.

O obsessivo vive em conflito entre o desejo de satisfazer suas necessidades e o medo de tornar essas necessidades conhecidas por ele e pelos outros. A racionalização é uma defesa usada com frequência que auxilia na busca do equilíbrio interno. Internamente, a pessoa demonstra ser dependente, mas externamente se coloca como independente e autoconfiante, servindo de suporte, apoio e como um conservador dos costumes e dos padrões sociais.

Bergeret (1988) relaciona traços que caracterizam o caráter obsessivo: ordem, obstinação, parcimônia, desprezo do outro, constrição emocional, dúvida de si mesmo, superego severo, rigidez e perseverança.

A pessoa sofre com a persistência de ideias, demonstrando ter algumas manias mentais; as palavras podem assumir um poder. O pensamento é classificatório, teorizado, como forma de controlar os mundos interno e externo. O obsessivo pensa mais do que age, evitando o risco de perda do controle. Por isso, para ele, as mudanças são difíceis.

Widlocher e Basquin, citados pelo autor referido anteriormente, com relação ao caráter obsessivo, acrescentam as seguintes características: "o aspecto inteligente, a meticulosidade, a seriedade do pensamento, o conservadorismo, as inibições, as repetições [...]".

4. Caráter esquizofrênico

Esse tipo de caráter demonstra uma tendência ao retraimento, ao isolamento, apresentando uma vida interna intensa de pensamentos e sentimentos. Alguns comportamentos parecem ilógicos, sem sentido, e a afetividade nos relacionamentos é pequena; no entanto, pode, por vezes, haver oscilações entre manifestações intensas de afeto e ausência desse sentimento. São pessoas ligadas a atividades intelectuais, idealistas, tímidas, fechadas, originais ou gozadas. Não parecem nem tristes nem alegres. Parece haver uma espécie de medo e recusa da realidade e do contato com outras pessoas. Ocorre uma rigidez ideológica que está relacionada a posições filosóficas e metafísicas.

5. Caráter paranoico

Os traços que predominam nesse caráter são, normalmente, comportamento agitado, crítico, reivindicador, rancoroso, vingativo e idealista ou pouco realista, que chega ao fanatismo no plano ideológico. São, ainda, pessoas desconfiadas, orgulhosas e que demonstram certa frieza afetiva e deformação nos julgamentos. No dia a dia, encontramos exemplos do caráter paranoico em clientes ranzinzas, pais que não suportam as frustrações banais da vida, doentes que se consideram maltratados, cidadãos que vivem protestando contra alguém ou algo, locatários encrenqueiros e falsos modestos. A desconfiança, traço principal desse tipo de caráter, esconde o medo de perseguição e de isolamento e a suscetibilidade frequente.

6. Caráter narcisista

O EU das pessoas com esse tipo de caráter possui um grau de agressividade que é revertida em ação ou inibida. Há um comportamento depressivo presente no caráter narcisista. Existe um temor de perda do amor e da proteção das pessoas amadas.

Encontramos indivíduos com forte angústia e temor de perda do objeto amado, que pode ser pessoas significativas ou o que as substituiu. Apresentam dificuldade de autovalorização e uma agressividade reativa, oculta e escondida em atitudes educadas e afetivas. Duvidam da sua capacidade de amar e de ser amadas. Demonstram, normalmente, um comportamento controlador em função do medo de perda do objeto. Então, procuram mantê-lo próximo por meio do controle.

Encontramos também, em relação a esse tipo de caráter, pessoas que sentem possuir um destino infeliz, evidenciado em uma tendência à repetição de um ciclo que confirma a ideia de "ser destinado". A repetição de vivências indica situações recalcadas, não resolvidas, que buscam uma repetição.

Outros traços do caráter narcisista são o comportamento ambivalente quanto à dependência-agressão e a hiperemotividade, podendo desencadear crises afetivas e formações reativas fortes. Também pode apresentar comportamento perfeccionista, de controle e medo de sentir medo. Busca a atenção, deseja ser o centro, em contraponto ao seu pensamento de que não é amado e é esquecido. São, portanto, pessoas instáveis afetivamente, sugestionáveis e agressivas.

Podemos acrescentar ainda que, no caráter narcisista--hipomaníaco, as pessoas têm como características serem falantes, exuberantes e ativas, revelando uma exuberância de ideias, comportamento de que se utilizam para evitar sentimentos de dor. Além disso, não aceitam bem a autoridade de outras pessoas e não gostam de receber críticas.

(5.2)
Motivação

Como podemos ler em Moscovici (1995), Maslow interpretou a personalidade segundo suas motivações. Conforme sua teoria, a vida da pessoa está baseada na satisfação de necessidades. Desse modo, suas percepções, valores e metas estão relacionados a essas necessidades. O conjunto destas integra e organiza a vida do indivíduo. Maslow as coloca em uma escala universal: no primeiro nível se encontram as necessidades fisiológicas de alimento, água, sono e sexo; no segundo nível, está a necessidade de segurança; no terceiro, as necessidades de amor e afiliação; no quarto, as necessidades de autorrespeito e admiração dos outros. É neste último nível que estão as necessidades superiores, como as de justiça, de busca da realização das potencialidades como ser humano e da verdade.

As pessoas se concentram nas necessidades que são mais problemáticas para si. Um indivíduo que diariamente não tem suas necessidades de alimento satisfeitas, coloca sua preocupação mais permanente na constante busca de satisfazê-las. Por outro lado, quando a pessoa tem alimento em abundância, não sofrendo carência quanto às suas necessidades básicas, sua atenção e seu interesse passam a focar necessidades superiores.

Maslow explica que a análise da satisfação das necessidades de uma pessoa, bem como do nível em que há maior concentração de energia revela muito da personalidade dessa pessoa. Ele também observou que há indivíduos que, mesmo não tendo suas necessidades básicas satisfeitas, concentram-se nas necessidades superiores.

A motivação humana é amplamente estudada e debatida. Maslow talvez seja o estudioso da motivação mais conhecido. Sua teoria motivacional se aplica a todas as áreas de atuação do ser humano – no trabalho, na família, na sociedade. Como afirmamos anteriormente, está baseada em uma escala de necessidade e parte do pressuposto de que o ser humano é movido por elas, conforme representado na figura a seguir.

Figura 5.1 – Hierarquia das necessidades básicas (Maslow)

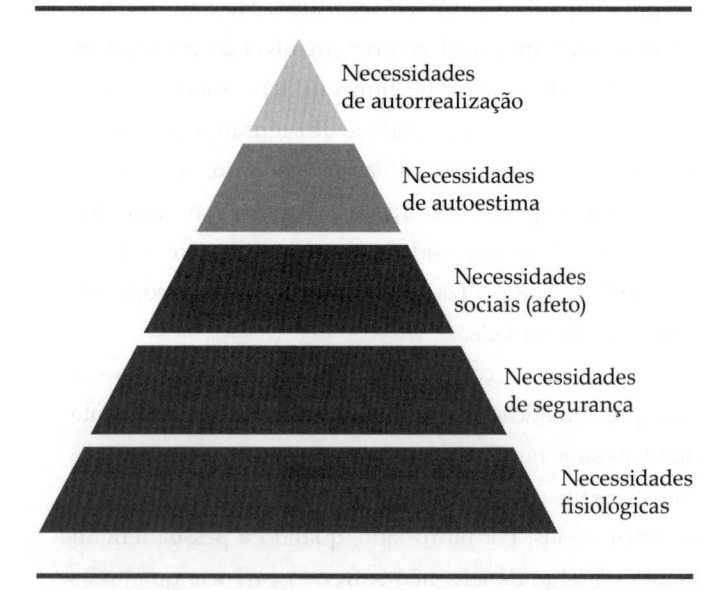

- Necessidades de autorrealização
- Necessidades de autoestima
- Necessidades sociais (afeto)
- Necessidades de segurança
- Necessidades fisiológicas

FONTE: MOSCOVICI, 1995.

Segundo o autor, a motivação atinge o ser humano como um todo, além de ser constante e flutuante. A pessoa como um todo se motiva, não apenas parte dela. Igualmente, quando há a satisfação de uma das necessidades, esta atinge a pessoa na íntegra.

Maslow separa a necessidade em dois grupos, sendo que algumas estão associadas à satisfação de deficiências, que o autor chama de *motivação de deficiência*, e outras à satisfação das necessidades de crescimento.

Segundo essa teoria, o ser humano está constantemente com alguma necessidade, sendo que, ao satisfazer a mais premente, outra surge em seu lugar. Há, pois, um constante estado de carência e de satisfação, que podem se apresentar de diferentes formas.

Muitas vezes, uma necessidade consciente vem associada a outra não consciente. Por exemplo, estar com fome é uma necessidade fisiológica e consciente, mas saciar a fome com um alimento de que se gosta em um restaurante da moda atende a outras necessidades.

As necessidades de deficiência, isto é, as relacionadas à motivação de deficiência, são supridas de fora, por outros indivíduos, e são ligadas à manutenção da saúde, à necessidade de se evitarem doenças e riscos de vida.

A presença de uma dessas necessidades pode comprometer o pensamento e a maneira de o indivíduo ver e sentir a vida. Podemos enquadrar aqui as necessidades de fome, sono e sede. Uma pessoa com fome há muito tempo compromete outros desejos em prol da necessidade de alimento. Quando saciada a fome, esta deixa de existir e dá espaço a outra necessidade. Surge, então, a necessidade de segurança, que se refere a sentir-se em ambiente seguro, não correndo risco quanto à sua integridade. A necessidade de segurança é atendida quando os pais oferecem à criança um ambiente de tranquilidade e apoio. Já o adulto busca essa satisfação em um trabalho mais estável e na preferência por situações familiares e ambientes protegidos da violência, fazendo poupanças e reservas para o futuro, e na procura por uma religião que explique o mundo, a vida humana, a morte.

Satisfeitas as necessidades fisiológicas e de segurança, aparecem as necessidades sociais de afeto. A pessoa sente a necessidade de pertencer a um grupo de amigos, de relacionar-se no trabalho, de ser aceito e querido pelos grupos aos quais pertence. Segundo Moscovici (1995), a frustração e a insatisfação das necessidades ligadas aos relacionamentos afetivos são uma das principais causas de desajustes e psicopatologias, e é aí que se encontra um grande motivo de frustrações.

Ao satisfazer as necessidades de aceitação e afeto, mesmo que parcialmente, o sujeito busca sua valorização, seu reconhecimento como pessoa e profissional, surgindo, então, as necessidades relativas à estima. Esta se refere ao conceito que a pessoa tem de si mesma e ao conceito que as outras pessoas têm dela. Essa necessidade pode ser entendida como o desejo de força, domínio, competência, confiança, independência, prestigio, *status*, reconhecimento, atenção e admiração.

Satisfeitas as necessidades fisiológicas, de segurança, de aceitação e de valorização, surge a necessidade mais elevada, que é a de autorrealização – a de realizar-se como pessoa em todas as suas potencialidades.

Roger Harrison, citado por Moscovici (1995), classificou as necessidades em três grupos, aos quais denominou *núcleo físico-econômico*, *núcleo socioemocional* e *núcleo de competência do ego*. O primeiro destes envolve as necessidades fisiológicas e de segurança. O núcleo socioemocional se refere às necessidades de afeto, amor, contato com outras pessoas e pertencimento a grupo. No núcleo de competência do ego estão as necessidades de saber, compreender, realizar, produzir, criar e ter habilidades.

A maior contribuição do autor foi a ideia de que as necessidades mudam ao longo da vida; da infância à maturidade, as necessidades tomam formas diferentes e assumem complexidades diversas.

A satisfação das necessidades básicas é condição prévia para as demais necessidades. O autor faz uma distinção entre a motivação para um comportamento quando voltada a uma carência ou deficiência e a motivação dirigida para o crescimento. Na motivação por carência, as pessoas buscam a eliminação da situação desagradável ou ameaçadora, procurando alívio e eliminação da tensão presente. A satisfação de uma carência gera um prazer inferior, resultado da redução ou do alívio do desconforto e da tensão. A presença da necessidade de deficiência torna as pessoas mais dependentes das fontes que podem sanar essas carências, o que repercute nas relações interpessoais. Os indivíduos passam a perceber essas fontes como gratificadoras e as usam para sanar suas próprias carências.

A necessidade de amor, de sentir-se aceito está classificada entre as necessidades de carência, com repercussões sérias em termos de desenvolvimento da personalidade. No entanto, a carência de amor é insaciável, passando de carência à fonte de gratificação.

Em um outro nível, há as necessidades de crescimento relacionadas à liberação das potencialidades, ao crescimento da pessoa. Nessa etapa, a pessoa tem a possibilidade de empreender resoluções positivas, de empregar sua criatividade e de buscar a integridade do EU.

Segundo Chiavenato (2000), o estado de satisfação está diretamente relacionado ao estado de equilíbrio, que significa inexistência de necessidades insatisfeitas. Para encontrar-se em equilíbrio psicológico, o sujeito deve estar livre de qualquer tensão, que o levaria à busca de satisfação.

Quando uma necessidade não é satisfeita, ocorre uma frustração, que, se é permanente, pode levar a comportamentos de desorganização, agressividade, apatia e alienação. A tensão gerada por uma barreira ou obstáculo na busca da satisfação gera uma tensão, que é represada na pessoa e se manifestará de outras formas: por via psicológica (descontentamento, tensão emocional, agressividade, depressão etc.) ou por via fisiológica (tensão nervosa, insônia, perda de apetite etc.).

Outro conceito utilizado para compreender a motivação nos ambientes de trabalho é a MOTIVAÇÃO DEÔNTICA. Esse conceito refere-se ao fato de que o senso de dever, obrigação e responsabilidade encontrado em muitos trabalhadores provém de crenças religiosas, que reforçam o valor do trabalho como purificação espiritual. Max Weber, em *A ética protestante e o espírito da paz*, relaciona a ética protestante com a motivação deôntica.

Atividade

1. Complete as frases a seguir com palavras-chave retiradas do texto do capítulo
   a. A personalidade é resultado de .... de desenvolvimento, cada qual com suas características, sendo que uma é .... da anterior.
   b. Segundo Freud, a personalidade é formada por três instâncias: ...., ... e ....

c. Conforme Maslow, o comportamento humano é motivado por .... Cada pessoa, dependendo de sua ...., concentra-se em um tipo de necessidade.

d. As necessidades da escala de Maslow são: ....
....,
....,
...., ...,
e ....

e. Maslow separou as necessidades em básicas e ....

(6)

Relacionamento interpessoal nas organizações

Sonia Beatriz Bagatini

Neste capítulo, serão abordados os pontos mais importantes do relacionamento interpessoal nas organizações. Estudar a relação entre as pessoas em um grupo requer a integração entre os conteúdos que serão vistos e os conteúdos considerados anteriormente, pois os aspectos do indivíduo e do grupo se unem para o funcionamento de uma equipe, a fim de que, de fato, a organização possa atingir seus objetivos Estudos contemporâneos sobre os desafios da gestão empresarial buscam crescentemente uma metodologia científica para garantir o cumprimento da gestão de talentos por meio de modelos de competências. Essa nova linha de gestão tem por objetivo formar equipes com ótimo potencial, constituída por sujeitos "coletivos" e que se ajustem às competências da organização.

Sujeitos coletivos, como a organização busca, são, acima de tudo, pessoas com boas relações interpessoais, com poder de influenciar pessoas e que têm o desejo de se relacionar e interagir com outras pessoas e grupos.

Para termos uma ideia do valor e do poder da capacidade da inter-relação hoje, devemos lembrar que muitos são os estudos que consideram esse aspecto fundamental, figurando entre as características essenciais do perfil empreendedor, da inteligência emocional e da inteligência social, questões focalizadas de forma mais detalhada no oitavo capítulo.

Primeiramente, será apresentada uma ideia geral sobre as bases do relacionamento interpessoal, focando-se as primeiras relações do ser humano e sua influência na vida adulta. Essas experiências, distintas para cada ser humano, marcam as diferenças individuais. É importante observar, então, como a interação social se dá diante dessas diferenças. Na conclusão, serão caracterizadas as necessidades de inclusão, controle e afeição, primordiais na formação de grupos de trabalhos ou equipes.

(6.1)
As bases do relacionamento interpessoal

A primeira relação do ser humano ocorre na fase fetal. O feto se relaciona com a mãe e esta se relaciona com o feto, que é dependente total da figura materna para viver e se desenvolver. Desde então já existe uma relação dual, embora o feto perceba a si mesmo e a mãe como um só ser, pois é por meio dela que ele vai formando sua concepção de mundo e de vida. Ao nascer, o bebê ainda sente que ele e a mãe são uma coisa só. A partir do amor e da dedicação da mãe, ele conhece o mundo além dela. A mãe é o caminho para a relação exterior. Cumpre observar que aqui a designação *mãe* se refere àquela pessoa que cuida da criança, que exerce os cuidados maternos e que representa uma figura estável ou permanente, não necessariamente a mãe biológica. Sabemos que o desenvolvimento do apego da criança a uma figura estável é a base para a saúde mental e a formação da personalidade. O apego é o vínculo infantil que embasa a capacidade do homem de relacionar-se.

Bowlby (1995, p. 38) considera que o apego do bebê à mãe e desta com o bebê resulta de certo sistema de comportamentos, entre eles: o sugar, o agarrar-se, o chorar e o sorrir. Situações de separação ou privação de vínculo e apego materno, segundo sua teoria, são a base das reações de ansiedade e medo no ser humano. Crianças que vivenciaram essas experiências também desenvolvem uma conduta de apego ansioso ou são incapazes de estabelecer vínculos duradouros na vida adulta: podem ser, inclusive, incapazes de amar. Para termos uma ideia da importância desses cuidados com qualidade na primeira infância, observemos o relato de Bowlby (1995, p. 38) em estudos sobre crianças privadas de uma relação materna amorosa e que possibilite a formação de um apego saudável na mais tenra idade:

> *Estas crianças parecem emocionalmente retraídas e isoladas. Não conseguem estabelecer laços afetivos com outras crianças ou com adultos e, consequentemente, não têm amizades*

dignas deste nome. É verdade que elas, às vezes, são superficialmente sociáveis, mas, examinando-se mais detalhadamente, descobre-se que não existem sentimentos, não existem raízes nestas relações. Penso que isto, mais do que qualquer outra coisa, é a causa de sua impassibilidade.

Estudiosos cada vez mais identificam competências interativas no recém-nascido ou lactante, que se mostra ativo nessa relação, mesmo que a comunicação se dê em modo pré-verbal. Para isso, a mãe também deve ter a competência de conferir um sentido aos gestos, aos choros, aos sorrisos e aos movimentos do bebê.

Ajuriaguerra e Marcelli (1986) citam Brazelton, grande teórico e pesquisador da interação entre mãe e bebê, para mostrar a maneira interessante dessa relação dual e interdependente: "à medida que os parceiros sentem que controlam mutuamente seu estado de atenção, aprendem a se conhecer e a se influenciar, e isto resulta em uma espécie de reciprocidade ou de interação afetiva". Sobre as consequências dessa reciprocidade, o mesmo autor afirma: "Quando funciona bem, este sistema de reciprocidade provê a criança da informação para prosseguir seu desenvolvimento. Cada vez que faz a aprendizagem de uma nova tarefa, recebe um *feedback* de seu meio, o que tem por efeito realimentá-la interiormente".

Fica muito claro, então, que a disponibilidade da mãe (ou sua condição psicológica para conseguir ser a decodificadora das condutas de seu filho e de dar-lhes significado) é um fator de extrema importância, pois dessa competência depende a possibilidade de o bebê se desenvolver emocionalmente, ao vincular-se e desenvolver o apego.

Se, nos primeiros meses, a importância desses cuidados maternos é fundamental, imaginemos o efeito maravilhoso desses cuidados à medida que a criança vai crescendo e cada vez mais aumentando suas capacidades de comunicação e de relacionamento com o mundo externo. Da mãe essa importância se estende à família, aos familiares, mais tarde à escola, à comunidade e, posteriormente, ao trabalho.

De uma dependência bem vivida, a tendência é a criança passar a ser um adulto independente com limites. De uma criança bem protegida passará a um adulto seguro e com valores. Mas, se for criada com intolerância e desamor, provavelmente será um adulto inseguro, com autoimagem e autoestima negativas, que terá introjetado valores distorcidos. Uma criança negada será um adulto sem visão, com sentimento de inadequação e culpa.

Erikson (1976, p. 241), em seus estudos sobre o desenvolvimento do ego, dividiu essa instância em oito idades, que denominou de *"as oito idades do homem"*. Em cada uma delas, o ser humano tem de passar por um conflito ou uma crise. A primeira é a da confiança básica × desconfiança básica. Assim como os autores citados anteriormente, este considera que a criança formará a confiança de acordo com a qualidade dos cuidados maternos, ou melhor, "o cuidado sensível às necessidades individuais da criança e um firme sentimento de ser 'aceitável', de ser ela mesma, e se converter no que os demais confiam que chegará a ser". Essa confiança básica desenvolvida na criança permitirá sua primeira realização social, que é sua voluntária disposição em deixar a mãe de lado sem raiva ou ansiedade, porque a mãe se transforma, então, em uma certeza interior e em uma predizibilidade exterior.

As idades seguintes seriam: autonomia × vergonha e dúvida; iniciativa × culpa; indústria × inferioridade; identidade × confusão de papel; intimidade x isolamento; generatividade × estagnação; integridade do ego × desesperança.

Em todas elas, o indivíduo deve vencer esses conflitos para que aconteçam suas adaptações e seu desenvolvimento biopsicossocial. Nos conflitos da fase adulta a busca é pela qualidade de vida por meio da busca pela manutenção da integridade física e mental.

Até a fase da adolescência, que corresponde à idade da identidade x confusão de papel, a influência da família, da escola, da comunidade e da religião é extremamente significativa para a forma como o sujeito se relacionará em grupo ou em equipe na sua vida. As demais fases caracterizam os conflitos que as pessoas vivem, resolvidos ou não, permanecendo em um dos dois polos, o que refletirá diretamente na sua postura diante dos grupos e de como se relacionam com os demais.

Das oito idades do homem, é na primeira que a criança constrói a confiança básica e que vai formar, então, a sua capacidade de ligação e apego. Essa construção na tenra idade é fundamental para o desenvolvimento da capacidade das relações interpessoais no decorrer de todas as fases subsequentes, principalmente na fase adulta. Bowlby (1995, p. 54) também relatou os efeitos para a vida adulta sofridos por aqueles que tiveram a experiência de privação materna:

> *Esses casos são observados em adultos cuja vida social consiste numa série de relacionamentos com pessoas mais velhas, que são sempre uma mãe substituta... A questão é que o paciente necessita estar constantemente em contato com uma pessoa da qual exige aquilo que lhe foi negado em sua experiência original com a mãe. Assim, o seu estilo de vida é determinado pela necessidade de manutenção de tais relacionamentos. Quando um deles é rompido, segue-se um período de depressão ou um sentimento de que "algo está faltando de*

maneira terrível", até que uma nova relação seja estabelecida. Um outro tipo de reação apresenta-se principalmente sob a forma de exigências excessivas feitas à pessoa escolhida para satisfazer às privações do início da vida... O problema é sempre o mesmo – exigências excessivas de alimento, de dinheiro, de privilégios.

Além da capacidade de apego, as concepções de moral e respeito pelas outras pessoas são adquiridas por meio dos cuidados e da educação. Sem nos atermos demais à formação estrutural da personalidade, convém assimilar o efeito que esse aspecto causa nos relacionamentos em grupo.

Considerando essas noções básicas acerca da origem do apego e da capacidade do ser humano relacionar-se, devemos sempre levar em conta que essas vivências infantis são diferentes em cada seio familiar e social. Embora as teorias de desenvolvimento humano tendam a orientar as melhores formas de cuidado com a criança para projetar o adulto de amanhã, ainda assim, a forma como cada um registra interiormente as suas experiências é muito individual.

(6.2)
As diferenças individuais

As diferentes formas de sentir, ver e perceber o mundo, as situações e as pessoas à volta são as marcas da individualidade. Imaginemos duas pessoas muito amigas que conversam e trocam ideias sentadas na areia à beira-mar. Uma pode olhar para essa imensidão de água e admirá-la como uma natureza divina, que acalma, tranquiliza e suaviza as tensões. Então se motiva a adentrar no mar até o fundo, como está acostumada a fazer, sentindo as ondas batendo em seu corpo. Já a outra observa atentamente o mar como se este fosse ameaçador, perigoso e traiçoeiro. Gosta de estar ali, mas não se motiva a ir banhar-se. Nunca entra no mar e passa todo o tempo na areia. Por que essas duas pessoas percebem o mar de formas tão contrárias?

Experiências da infância e formação da personalidade, situações traumáticas infantis ou adultas, conhecimentos, ideias e uma série de variáveis vão desenhando a nossa individualidade ou o nosso jeito de ser, ver e nos relacionar. Essas formas diferentes de ser caracterizam os traços e os comportamentos que as pessoas manifestam na interação com o ambiente externo. Apesar de o exemplo mencionado ser uma situação simplória, ele ilustra a realidade das conexões entre as pessoas por meio dos relacionamentos interpessoais e mostra que, mesmo que sejam diferentes, a relação entre elas pode modificar determinadas percepções umas das outras para se adaptarem ao meio externo mais adequadamente. Aproveitando ainda o mesmo exemplo, poderíamos imaginar que essas duas pessoas, ao falarem sobre o mar, trocam percepções pessoais uma da outra, como um *feedback*, e da visão do mar que cada uma teve. Aquela que via só aspectos positivos do mar sairia dessa conversa vendo também os perigos que ele tem. Portanto, passaria a cuidar-se um pouco mais quando fosse ao fundo nadar. A outra, por sua vez, passaria a perceber melhor a beleza do mar e o benefício de pelo menos molhar os pés, sem medo.

Nos grupos, a interação positiva, criativa e de aprendizagem constante é semelhante ao ilustrado nesse exemplo – respeitar as diferenças e fazer delas um crescimento e uma experiência que enriquece. Em um grupo, cada elemento carrega suas percepções e suas fantasias. Trata-se do espaço em que todas essas características devem se somar para satisfazer as necessidades de formação de laços e cada um contribuirá com a identidade do grupo.

A convivência com outras pessoas é um fato marcante na vida de cada um. O sucesso ou não na formação de vínculos interpessoais é inegavelmente fonte de alegria ou sofrimento e pode, consequentemente, ser um poderoso determinante dos níveis de sentimentos de autoestima de cada sujeito.

(6.3)
A interação social

A necessidade de estar com o OUTRO inicia-se já na fase fetal. Ao longo do desenvolvimento e das influências que o sujeito recebe, vai se desenhando sua maneira de ver e sentir, além de outros aspectos, como a necessidade de se relacionar, de não estar só.

Estudiosos como Kurt Lewin, citado por Mailhot (1970), desenvolveu muito dos seus trabalhos voltados à dinâmica dos pequenos grupos dentro das organizações. Lewin faz um paralelo entre a dinâmica das relações interpessoais e intergrupais e o desenvolvimento da personalidade. A ideia é a de que o próprio grupo possui um desenvolvimento semelhante ao das pessoas. Os indivíduos devem experienciar as mesmas emoções para que ocorra o comportamento de grupo. A intensidade dessas emoções é que vai favorecer a integração dos indivíduos no grupo, de forma que se atinja uma coesão tal que consigam adotar o mesmo tipo de comportamento. A duração desse comportamento de grupo pode variar, dependendo do estímulo de um líder ou um provocador. Quanto a esse aspecto, podemos nos reportar ao desenvolvimento humano estudado anteriormente. A criança que recebe interpretação adequada de suas emoções e sentimentos faz com que a mãe também viva essas emoções, provocando uma sintonia: a interação. No grupo, isso seria a interação social.

Em sua importante contribuição para entendimento do indivíduo e da relação deste com o grupo de que faz parte, Lewin pesquisou e analisou os grupos com base nos fundamentos da psicologia social, criando a TEORIA DO CAMPO SOCIAL. Segundo ele, o campo social se refere à origem, à estrutura e à dinâmica de um grupo. É o espaço em que são determinadas as posições relativas dos diferentes elementos que o constituem, ou seja, é a realidade do coletivo. Para a compreensão dessa teoria, elaborou quatro pressupostos, descritos a seguir.

1. O grupo deve ser tomado como o terreno dentro do qual o indivíduo se mantém: sua integração em um grupo depende, pois, da clara definição de sua participação no seu espaço vital ou da caracterização da sua liberdade típica de movimento no interior do grupo.
2. O indivíduo, conscientemente ou não, utiliza-se do grupo e das relações sociais que mantém, visando satisfazer necessidades próprias, bem como suas aspirações sociais: portanto, usa o grupo como seu instrumento.
3. Mesmo que o indivíduo se sinta ignorado, isolado ou rejeitado pelo grupo, ele não deixa de ser um dado da realidade da qual parte: logo, valores, necessidades e expectativas pessoais são pelo grupo gratificados ou frustrados – ou seja, nenhum membro deixa de sofrer o impacto do grupo e não escapa à sua totalidade.

4. O grupo é considerado um dos elementos do espaço vital do indivíduo – ou melhor, um setor desse espaço vital.

O autor mostra, ainda, em seus estudos que, para haver adaptação social, o indivíduo deve sempre se superar em atualizar suas aspirações e suas atitudes, em atingir seus objetivos pessoais – mantendo seus laços com as outras pessoas do grupo, sem rompê-los ou forçá-los, e mantendo-se também vinculado com a realidade coletiva, também denominada de *campo social*, que é onde esse indivíduo está inserido, o fundamento de sua existência.

A interação social é, então, a continuidade do desejo mais primário de ligação, de vinculação. É nos grupos das organizações que as pessoas também vão suprir suas necessidades de interação, mesmo que racionalmente elas entendam que se trate de grupos de tarefa, lembrando-nos a ideia de que o emocional e o social andam juntos para se obter o sucesso individual e coletivo.

É por meio dos grupos aos quais os indivíduos pertencem que estes conseguem satisfazer suas importantes necessidades sociais, também conhecidas como *de afiliação*, *de pertencimento a um grupo*, que pode ser o desejo de pertencer a uma família ou núcleo familiar, de ser importante para alguém ou para um grupo.

É pela vivência em grupo que cada um estabelece seu autoconceito, sua identidade. O relacionamento com os demais se constitui em importante fonte de informação sobre si mesmo. Nesse sentido, voltamos à questão do *feedback* que já existe na fase inicial do relacionamento humano. É por meio dessa troca que o homem se afirma naquilo que é e cresce naquilo que mais pode ser potencialmente, como vimos no exemplo em que retratamos a situação de duas pessoas diante do mar.

É dentro do grupo que as pessoas podem conseguir auxílio e apoio, tendo em vista não somente a consecução dos objetivos individuais, mas também dos organizacionais. Mais uma vez, a troca, que protege, faz crescer também o próprio grupo ou organização.

Somente dentro dos grupos é que as pessoas podem compartilhar ideias e auxiliar em atividades que tenham objetivos comuns, como, por exemplo, fabricar objetos e produtos, participar de atividades que visam ao divertimento e à prestação de auxílio, entre outros.

É importante refletir mais detalhadamente a respeito de como esses movimentos e essas necessidades das pessoas inseridas (ou que vão se inserir) em um grupo reforçam seu próprio referencial, sua identidade e a identidade do grupo, que também se desenvolve, evolui e amadurece como no desenvolvimento do ser humano.

(6.4)
Necessidades de inclusão, controle e afeição

Schutz, citado por Bergamini (1982, p. 84-94), em seus estudos sobre o comportamento humano nos grupos de trabalho, construiu o postulado das necessidades interpessoais e as denominou de *necessidades de inclusão, controle* e *afeição*.

Esses estudos mostram que essas necessidades abrangem áreas que se referem ao comportamento interpessoal e que servem para entender, explicar e prever os processos e os fenômenos interpessoais.

Os grupos, assim como as pessoas, não nascem maduros e produtivos. Ao passar a fazer parte de um grupo, o indivíduo tem de percorrer várias fases de atendimento de suas necessidades interpessoais, que, paralelamente, vão sendo atendidas pelo grupo à medida que os relacionamentos entre os membros deste passam a se estruturar e vão adquirindo características especiais. Ao longo dessas fases, podemos identificar a fase de maturidade do grupo e também os comportamentos individuais de seus membros.

A necessidade de INCLUSÃO busca manter um relacionamento satisfatório com as pessoas, tendo em vista sua interação e associação. Por *relacionamento satisfatório,* entende Schutz, citado por Bergamini (1982, p. 86):

> *O relacionamento satisfatório inclui (1) uma relação psicologicamente confortável com as pessoas em um ponto de uma escala onde o comportamento é o de iniciar o relacionamento com todas as pessoas, até aquele no qual não se procura iniciar interação com ninguém e (2) relação psicologicamente confortável com as pessoas com relação a suscitar um comportamento de sua parte no sentido de iniciar interação consigo, até o extremo de nunca iniciarem relações para consigo.*

A necessidade de inclusão engloba emocionalmente a necessidade de formar e manter um sentimento recíproco de interesse pelo outro. Ou seja, o indivíduo tem que ser capaz de se interessar por outras pessoas e fazer com que estas se interessem por ele. Essa necessidade também resulta no sentimento de que a pessoa tem valor e é importante. Ao fazer parte de um grupo, há uma busca de "estar junto" para ser conhecido e, ao mesmo tempo, adquirir uma identidade. No início, portanto, das relações interpessoais, há um aspecto comum identificado como uma espécie de comprometimento em deixar-se envolver.

A fase de inclusão se encerra quando todos os membros sentem que têm sua presença assegurada no grupo e sabem que sua ausência chama a atenção dos demais membros.

A segunda necessidade revela que os indivíduos precisam estabelecer um relacionamento interpessoal em que estejam presentes CONTROLE E FORÇA e também em que exista conforto psicológico em ser controlado e controlar, bem como haja a manutenção de um sentimento mútuo de respeito pela competência dos outros e o merecimento do respeito destes. Em geral, nessa segunda fase podem aparecer tensões, e ultrapassá-las significa um passo além na maturidade do relacionamento das pessoas que compõem o grupo.

A necessidade interpessoal de AFEIÇÃO é definida como a necessidade de estabelecer e manter relacionamentos satisfatórios com outras pessoas no tocante ao amor e à afeição. Para tanto, inclui uma relação satisfatória que seja psicologicamente confortável para iniciar relacionamentos próximos e pessoais, bem como para suscitar um comportamento que atraia as pessoas para iniciar um relacionamento. Em nível de sentimentos, seria, então, estabelecer e manter sentimentos de afeição, ser capaz de amar e ter o amor dos outros. Essa necessidade reporta ao autoconceito de se sentir digno de ser amado.

A abordagem do autor aqui descrita visa deixar claro que tipo de necessidade está em jogo no relacionamento interpessoal, apontando um fator de grande importância: a busca de equilíbrio entre o comportamento da própria pessoa e o dos demais com os quais interage.

Em resumo: a inclusão diz respeito ao conhecimento de quem está dentro ou fora do grupo; o controle implica saber quem está comandando; e a afeição refere-se à identificação de quem está próximo ou distante.

No primeiro caso, temos uma confusão generalizada; no segundo, a competição que caracteriza o clima habitual de trabalho; no terceiro, sente-se que a cooperação é o principal norteador das ações dos diferentes membros.

Segundo Schutz, citado por Bergamini (1982, p. 92),

> A compatibilidade pode ser entendida como a propriedade de relacionamento entre duas ou mais pessoas, entre um indivíduo e seu papel, ou entre o indivíduo e sua situação de trabalho, que leve a uma satisfação mútua das necessidades interpessoais e de uma coexistência harmoniosa.

Nem sempre percebemos a conciliação entre os objetivos individuais e os organizacionais. Nessa situação, para continuarem a fazer parte do grupo, as pessoas devem ter um certo nível de conformidade. Além disso, nem sempre todos os grupos estão na terceira e mais produtiva necessidade, a de afeição, que facilita a cooperação. Essa identificação contribui para que o trabalho organizacional possa proporcionar reflexões e a busca constante por esta última necessidade.

Atividade

1. Com base nos conteúdos apresentados neste capítulo, analise os aspectos indicados a seguir:
   a. a importância dos cuidados maternos para o desenvolvimento da capacidade de amar na criança e no adulto.
   b. o porquê de as diferenças individuais serem consideradas positivas para a interação social nos grupos.
   c. as necessidades interpessoais nas interações sociais dos grupos.
   d. como essas necessidades podem servir de avaliação da identidade dos grupos.

(7)

Poder e liderança

Sonia Beatriz Bagatini

Neste capítulo, iremos tratar de um tema que afeta diretamente o nosso cotidiano, mesmo que, na maior parte do tempo, não destinemos um olhar atento às suas nuances e repercussões em nossa vida. Trata-se do tema relativo a poder e liderança, abordado segundo a perspectiva da constituição psicológica desses elementos no contexto histórico das formas de organização e desenvolvimento humano.

Para tornarmos o tema mais familiar ao leitor, apresentaremos algumas situações com as quais, certamente, já nos defrontamos na convivência do ambiente familiar, na esfera profissional, na comunidade em que vivemos, na política ou até mesmo na paixão em comum pelo futebol e outros esportes.

Progressivamente, introduziremos os conceitos construídos sobre o poder e a liderança, de maneira a viabilizar o seu entendimento e a sua aplicabilidade. Por último, por meio da compreensão dos fenômenos que caracterizam as manifestações do poder e as condições de liderança, proporemos alguns exercícios para propiciar a reflexão e a consequente fixação do conteúdo abordado.

(7.1)
História e definições do poder

Certamente o leitor já se deparou com a palavra *poder* acompanhada do adjetivo *maquiavélico* para fazer referência a uma pessoa ou organização que adota uma conduta manipuladora, ardilosa e de má-fé. A origem do termo remonta a Nicolau Maquiavel, que nasceu em Florença, Itália, em 1469. Maquiavel serviu à corte de Cesare Borgia, governante inescrupuloso e enérgico, até a dinastia dos Médicis derrubarem a República em 1512, quando Maquiavel foi deposto e exilado. Anistiado, em 1519, reassumiu funções político-militares até que, em 1527, foi excluído da vida política. Sua doutrina, imortalizada na obra *O príncipe*, demonstra uma maneira cética de encarar o ser humano. Sua concepção de poder baseia-se na colocação da prática acima da ética, de modo que os fins justificam os meios. Para Maquiavel, tudo é válido contanto que o objetivo seja alcançado: manter-se no poder.

No capítulo sobre o modo que se deve governar as cidades ou os principados que, anteriormente à sua ocupação, viviam no respeito às próprias leis, Maquiavel (1999) afirma:

> *Quando os Estados conquistados encontram-se, como foi dito, habituados a viver com suas próprias leis e em liberdade, há três modos de impor-lhes o jugo: o primeiro é destruindo--os; um outro, neles o novo príncipe fixando a sua morada; o terceiro é consentindo em que vivam conforme as suas leis, recolhendo um tributo e criando em seu interior um governo oligárquico que lhes coíba todo amotinamento.*

Iniciar este capítulo com base em um modelo tido como imoral no modo de praticar o poder tem a intenção de destacar a maneira pela qual habitualmente enxergamos o poder.

Na história recente do nosso país, período vivido igualmente em toda a América Latina, assistimos à concentração do poder na mão de ditadores, em geral militares, que se utilizaram da repressão e da tortura, provocando a morte ou o exílio de milhares de pessoas que discordavam do regime instituído e resistiam a aceitá-lo. Passaram-se 20 anos para que se articulasse a reação do povo brasileiro por meio do movimento que varreu o Brasil e ficou conhecido como *Diretas Já*, exigindo a volta das eleições diretas para presidente da República. Apesar da grande mobilização popular, a emenda constitucional que reivindicava eleições diretas não foi aprovada no Congresso Nacional e, em consequência, José Sarney assumiu a presidência, ainda por via indireta, substituindo Tancredo Neves, que faleceu após a posse.

Somente em 1989, depois de 25 anos de ditadura militar, foi realizada a primeira eleição direta para escolha do presidente da República. Fernando Collor de Mello foi eleito com 35 milhões de votos, derrotando o então candidato Luiz Inácio Lula da Silva. Em 1992, Collor renunciou à presidência após sofrer processo de *impeachment*, desencadeado pela Câmara Federal, contando com forte apoio do movimento estudantil denominado *Caras Pintadas*. Estudantes vestiram-se de preto, pintaram o rosto de verde-amarelo e, com a bandeira da ética e do patriotismo, pressionaram o Congresso Nacional a promover o afastamento de Collor.

A partir desse breve histórico, podemos perceber alguns elementos inerentes ao exercício do poder e que servem aqui para nossa reflexão. O poder implica correlação de forças, disciplina, controle e imposição de leis, e, em sua expressão mais radical, pode assumir a face da tirania e do terrorismo. Mantém, entretanto, de forma intrínseca, a possibilidade de resistência manifesta na atitude de reação, de inconformismo e na tentativa permanente de transgredir o que está instituído.

A esse respeito, a doutrina de Maquiavel ainda ensina que os homens buscam sempre atingir um objetivo de sucesso, glória ou riqueza, e que cada um, à sua maneira, desenvolve uma forma de chegar a realizar esse feito. Essas diferentes formas se referem às características individuais, como paciência, violência, habilidade, enfim, o caminho que cada um escolhe para ter aquilo que almeja. É isso que podemos ler nas seguintes palavras de Maquiavel (1999, p. 142):

> *Notamos também, de dois homens cautos, que um realiza o seu propósito e o outro não, e, paralelamente, que dois homens alcançam o mesmo êxito atuando de maneiras diferentes; um, sendo ponderado; o outro, sendo veemente – o que não é consequência senão das condições das diferentes épocas, que se conformam ou não às suas formas de agir.*

Foi o poder militar, comentado anteriormente, que sucumbiu ao grande poder de mobilização de partidos políticos, organizações civis, lideranças sindicais, artistas, representantes de setores de diversas categorias profissionais para desencadear o movimento Diretas Já, redemocratizando o nosso país. Na sequência, outras ditaduras latino-americanas foram depostas, como, por exemplo, nos casos da Argentina e do Chile.

Roberto Machado, em *Por uma genealogia do poder*, introdução do livro *Microfísica do poder*, de Michel Foucault, comenta que o interessante da análise de Foucault é a concepção de que o poder não está em um lugar fixo da sociedade, que é um processo ou mecanismo que atinge tudo e todos. Para ele, o poder não existe, e sim as práticas e as relações de poder, sendo que para estas, paralelamente, existe uma resistência que, assim como o poder, está em toda a estrutura social.

> *Não é um objeto, uma coisa, mas uma relação. E esse caráter relacional do poder implica que as próprias lutas contra seu exercício não possam ser feitas de fora, de outro lugar, do exterior, pois nada está isento de poder. Qualquer luta é sempre resistência dentro da própria rede do poder, teia que se alastra por toda a sociedade e que a ninguém pode escapar: ele está sempre presente e se exerce como uma multiplicidade de relações de forças. E como onde há poder há resistência, não existe propriamente o lugar de resistência, mas pontos móveis e transitórios que também se distribuem por toda a estrutura social.* (Machado, 1979, p. 14)

Segundo Machado, Foucault afirma ainda que é preciso parar de descrever os efeitos do poder em termos negativos, classificando-o ora como excludente, ora como repressor, ou como capaz de produzir censura e até de mascarar situações. Para ele, na verdade, o poder produz: o real, domínios de objetos e rituais de verdade. O poder não é só repressão, ele apresenta o lado positivo de aprimoramento, de controle para participação dos homens na vida social, com o desenvolvimento de seus potenciais. O autor acrescenta:

> *O que lhe interessa basicamente não é expulsar os homens da vida social, impedir o exercício de suas atividades, e sim gerir a vida dos homens, controlá-los em suas ações para que seja possível e viável utilizá-los ao máximo, aproveitando suas potencialidades e utilizando um sistema de aperfeiçoamento gradual e contínuo de suas capacidades.*

Dessa forma, podemos entender que as relações de poder estão presentes em todas as instituições (família, empresa, escola, Igreja, partido, Forças Armadas, governo, presídios, clínicas e hospitais, entre tantas outras) e modelam-se conforme o momento histórico, político, econômico, social e cultural de um povo, de um país, entre as nações.

(7.2)
O poder nas organizações

Examinar as configurações de poder formal e informal presentes na estrutura das organizações implica necessariamente relacioná-las com a cultura organizacional vigente.

Como já examinamos, no terceiro capítulo, a definição de cultura organizacional, convém revermos os conceitos mais voltados para a questão do poder e, posteriormente, tratarmos das configurações de poder que se estabelecem.

Para Schein, citado pelos autores Fleury e Fischer (1996, p. 20),

> *cultura organizacional é o conjunto de pressupostos básicos que um grupo inventou, descobriu ou desenvolveu ao aprender como lidar com os problemas de adaptação externa e integração interna e que funciona bem o suficiente para serem considerados válidos e ensinados a novos membros como a forma correta de perceber, pensar e sentir, em relação a esses problemas.*

Para o autor, a cultura de uma organização pode ser aprendida em vários níveis:

- *nível dos artefatos visíveis: o ambiente construído da organização, a arquitetura, o* layout, *a maneira de as pessoas se vestirem, os padrões de comportamento visíveis, os documentos públicos;*
- *nível dos valores que governam o comportamento das pessoas;*
- *nível dos pressupostos inconscientes: aqueles pressupostos que determinam como os membros de um grupo percebem, pensam e sentem.* (Fleury; Fischer, 1996, p. 105-106):

Fleury e Fischer (1996, p. 21) afirmam que, para decifrar a cultura de uma organização, é preciso fazer aflorarem seus pressupostos básicos:

- A RELAÇÃO COM A NATUREZA: *a relação com o ambiente é de dominação, submissão ou harmonia?*
- A NATUREZA DA REALIDADE É DE VERDADE: *as regras de linguística e de comportamento que diferem o que é real do que não é, ou a "verdade" da organização, são reveladas ou descobertas?*

- A NATUREZA HUMANA: *a natureza humana é boa, má ou neutra?*
- A NATUREZA DA ATIVIDADE HUMANA: *o que é considerado "certo" para o ser humano fazer diante dos pressupostos sobre o ambiente, sobre a realidade, sobre a natureza humana: ser ativo, passivo, autodesenvolver-se?*
- A NATUREZA DAS RELAÇÕES HUMANAS: *como é distribuído o poder e o amor? A vida é cooperativa ou competitiva, individualista ou cooperativa, baseada na autoridade, na tradição ou no carisma?*

Pensando sobre esses pressupostos, entendemos ser importante comentar agora algumas situações que ocorreram em empresas e instituições e que podem servir para contextualizar esses conceitos sobre os quais refletimos até aqui.

Em uma empresa pública, com unidades distribuídas por todo o país, durante um trabalho de desenvolvimento organizacional realizado com consultores externos, foi instituído um prêmio de produtividade. Considerados os parâmetros para medir a produtividade de cada unidade, um dos selecionados, obviamente, foi a redução de custos com despesas administrativas. Visando atingir o tal prêmio (um percentual de valores a mais no salário), gerou-se um clima de competição tão acirrado que, diante da necessidade de fazer ligações interurbanas para resolver problemas com outras unidades, os empregados encontraram uma solução: aguardavam que aquelas unidades ligassem para a unidade deles, pois assim a despesa com a ligação seria lançada na unidade dessas outras regiões.

Essa mesma empresa adotara, na sua política institucional, a intenção de apoiar a Associação dos Empregados para melhorar a relação informal com o seu público interno.

Dependendo do perfil dos membros da diretoria que assumissem a associação, a empresa direcionava mais ou menos recursos para essa instituição, de modo a facilitar ou dificultar a ação dos diretores eleitos pelos empregados.

Essa última situação é significativa para explicitar a relação de poder que se estabelece dentro de uma organização – nesse caso, de uma forma velada. O organograma, os manuais técnicos e administrativos, os procedimentos de conduta para ingressar em espaços previamente autorizados a uma determinada categoria profissional da empresa, a utilização de veículos por parte de alguns empregados, entre outros privilégios, são alguns dos aparatos que manifestam as configurações de poder nas organizações.

Os cargos de direção, gerência, supervisão, coordenação ou qualquer outra denominação congênere, dependendo do lugar que ocupam na hierarquia, vão reproduzir o que está definido como sua atribuição para garantir aquilo que a organização escolheu como missão e que está de acordo com o que a cultura organizacional possibilita ou não.

(7.3)
História e definições de liderança

Líder no ranking, *líder comunitário, líderes partidários, líder revolucionário, líder religioso* são denominações usadas, entre tantas outras, para designar aquelas pessoas, produtos, empresas ou instituições que estão no topo, ou que representam um grupo com valores, desejos e identidades próprias. Podem ainda, referir-se àqueles sujeitos que assumiram um papel relevante para instaurar um processo que visa à mudança de condições de vida de um povo ou, até mesmo, aqueles (pre)destinados a conduzir o seu rebanho. Certamente o leitor deve estar tentando identificar pessoas que naturalmente vêm à mente com essas características. Bernardo Rocha Rezende, o Bernardinho, técnico da seleção brasileira de voleibol masculino desde 2001, é um caso típico. Com sua equipe – jogadores e comissão técnica –, tem conquistado o topo de todas as competições internacionais do circuito mundial de vôlei. No período de 1994 até 2000, dirigiu a equipe feminina. Apesar de bem-sucedido em termos dos resultados atingidos, foi com o desempenho da equipe masculina que chegou ao nível de excelência.

José Roberto Guimarães, técnico da seleção brasileira de voleibol feminino, no que tange aos bons resultados conquistados com a equipe, parece ter um estilo diferente de Bernardinho, pelo menos no que podemos acompanhar pela mídia. Bernardinho parece ser mais explosivo, exigente, dominado pela paixão. José Roberto, mais sereno, contido nas suas emoções, demonstra uma dose maior de tolerância com os eventuais erros que a equipe comete. Você, leitor, concorda?

Algumas indagações podem ser feitas. Há diferença entre dirigir um time feminino e dirigir um time masculino? A diferença de estilos entre Bernardinho e Zé Roberto contribuem para a *performance* de cada equipe? No campo da política partidária, é possível perceber alguma diferença entre os discursos dos líderes dos partidos A, B ou C, principalmente quando A, B ou C se revezam em ser governo ou oposição? Será que o carisma de Che Guevara ou do Papa João Paulo II contribuíram para a construção de uma imagem de personalidades quase que míticas?

É a partir dessas situações colocadas que iniciamos a discussão sobre o tema da liderança. Fiedler (1967) aponta diferentes definições para liderança, encontradas, respectivamente, em Dubin (1951), Homans (1950) e Reuter (1941):

> *Liderança é o exercício da autoridade e da tomada de decisões.*
>
> *O líder é a pessoa que mais de perto atende às normas e aos valores do grupo; essa conformidade dá a ela a mais alta posição, que atrai as pessoas e implica o direito de assumir o controle do grupo.*
>
> *Liderança é uma habilidade de persuadir ou dirigir as pessoas sem o uso do prestígio ou da força de uma autoridade formal, ou de circunstâncias externas.*

Mas o autor também apresenta sua própria conceituação de liderança: "Nós definiremos aqui o líder como um indivíduo no grupo, a quem é dada a tarefa de dirigir e coordenar tarefas relevantes nas iniciativas grupais, ou quem, na ausência do líder designado, assume a principal responsabilidade de desempenhar tais funções no grupo (Fiedler, 1967)".

E Bergamini (1982, p. 97) acrescenta:

> *Isso não quer dizer exatamente que ele assuma tal papel durante o tempo todo, isto é, há momentos nos quais ele o faz de maneira mais diretiva, outras em que apresenta uma abordagem de menor interferência pessoal. Por outro lado, é possível observar que interfere em alguns casos com maior frequência e em outros menos frequentemente, mas todas as vezes que o grupo sentir necessidade de um referencial ou de alguma revisão da orientação de suas atividades, acabará por solicitar a interferência daquele a quem estão acostumados a seguir.*

No cenário que apresentamos até então, podemos chegar a algumas conclusões:

- O mito do "líder nato" está destruído na administração contemporânea, pois é possível desenvolver competências e habilidades que contribuam para compor as características exigidas da figura de liderança em determinado grupo.
- O fenômeno da liderança depende de um ambiente ou circunstância que favoreça o surgimento da figura do líder – que, por sua vez, recebe "autorização" e poder de um determinado grupo que o legitima como líder. Isso significa dizer que um gerente (poder instituído) não é necessariamente um líder.
- A complexidade da sociedade em que vivemos exigiu uma outra classificação de estilos de liderança, antes circunscritos aos estilos autocrático, democrático ou do *laissez faire* (expressão francesa que significa "deixa fazer" e, no caso específico, aquele estilo do líder que "deixa rolar para ver como é que fica").

(7.4)
Liderança e contemporaneidade

Perante as várias correntes de estudos e pesquisas desenvolvidas ao longo do século passado sobre o tema da liderança, parece que é a teoria contingencial, de Fiedler, a que mais se aproxima da compreensão de que, para uma maior eficácia na ação do líder, é relevante haver a incidência de alguns fatores.

O primeiro diz respeito às características pessoais de comportamento do líder e ao seu estilo preferido. O segundo aspecto considera o tipo de grupo que é liderado, levando em conta a sua preferência por um estilo de liderança de acordo com circunstâncias de trabalho existentes. Por último, devem ser examinados os objetivos a serem atingidos a partir do conjunto de tarefas proposto e a tecnologia empregada para tal fim, demarcada pelo ambiente organizacional. Fiedler (1967) conclui:

> *O desempenho da liderança depende então tanto da organização quanto ela depende dos atributos do próprio líder. Exceto, talvez em casos pouco comuns, é simplesmente insignificante falar-se de um líder eficaz ou de líder ineficaz; pode-se simplesmente falar de um líder que tende à eficiência numa situação particular e à ineficiência em outra. Se quisermos aumentar a eficácia organizacional e grupal, temos que aprender não apenas a desenvolver líderes mais eficazmente, como também a construir um ambiente organizacional no qual o líder possa desempenhar-se bem.*

Melo, citado por Conde (2004, p. 132-133), sobre a função gerencial, afirma que, na atualidade, têm incidido seis tipos de desafios: aqueles referentes à mudança ou adaptação (capacidade de adaptação e compreensão das mudanças, de enfrentamento dos desafios e análise das oportunidades relativas às modificações ocorridas, de ser um agente de mudanças preparando a empresa para elas, de adaptação a ambientes multiculturais, entre outros); os relativos ao conhecimento técnico (domínio de informática, capacidade de redação, habilidade comunicativa, conciliação entre capacidade técnica e habilidade pessoal, entre outros); referentes à experiência internacional (trabalhado exercido no exterior, conhecimento de outros países, competência intercultural, domínio de línguas estrangeiras, manutenção de contato com pessoas de unidades da empresa no exterior, entre outros); os relativos à equipe (divisão do poder com ela, escolha da adequada, comunicação genuína com ela); os relativos à relação com pessoas (valorização do ser humano, conhecimento da equipe, capacidade de saber ouvir, habilidade interpessoal, investimento no próprio crescimento e na promoção do crescimento das outras pessoas, capacidade de saber delegar, capacidade de estabelecer parcerias, entre outros); e os impostos sobre o próprio modo de agir (possuir iniciativa, ser ético, ter bom senso, ser versátil, possuir capacidade para cumprir metas, inspirar confiança, ser persistente, ser intuitivo, entre diversos outros requisitos).

O mundo globalizado exige que as organizações se adaptem, com um grau de velocidade que podemos denominar *perverso* até, à descentralização das estruturas e do poder de decisão, à horizontalidade dos procedimentos e do processo de comunicação interno, mantendo as interfaces necessárias com o ambiente externo, atenta aos humores do mercado, que torna tudo rapidamente descartável e obsoleto, o que, portanto, implica a urgência de novos modelos de gestão.

Retomando o exemplo do emblemático técnico Bernardinho, seria quase impossível imaginar que presenciaríamos um membro da comissão técnica, em plena quadra, lançando em um *notebook* todas as informações pertinentes ao desempenho da equipe durante as partidas e, provavelmente, sobre a *performance* da equipe adversária também.

Diante de tantos desafios, as organizações, de quaisquer naturezas, estão procurando, para preencher seus quadros, lideranças que concentrem seu foco na manutenção do comprometimento dos empregados com os objetivos da organização, garantindo-lhes a saudável liberdade para que utilizem plenamente suas capacidades e potencialidades.

Nesse novo contexto, surgem quatro estilos de liderança para atender às demandas organizacionais, conforme aponta Certo (2003, p. 331-333):

1. LIDERANÇA TRANSFORMACIONAL – É aquela que cria uma noção de dever dentro da organização, incentivando novas abordagens na condução e na resolução de problemas e promovendo a aprendizagem para todos os membros da organização.
2. LIDERANÇA DE *COACHER* – Em inglês, *coacher* significa "treinador, técnico"; assim, esta se caracteriza como a liderança que identifica comportamentos inadequados nos seus seguidores, apontando os possíveis caminhos, corrigindo-os por meio de instruções, para vencer os desafios organizacionais que hoje se impõem. O autor elenca os principais aspectos de um comportamento de treino: ouvir atentamente, reunindo dados sobre o que é dito quanto aos sentimentos e às emoções por trás do que se diz; dar apoio emocional e incentivo pessoal aos seguidores, motivando-os a dar o melhor de si para atender às exigências das organizações; e demonstrar pelo exemplo o que constitui um comportamento adequado, aplicando conhecimento técnico no encaminhamento de soluções ("colocar a mão na massa").
3. SUPERLIDERANÇA – Consiste em liderar mostrando aos outros como agir por conta própria. Se os superlíderes tiverem sucesso, desenvolverão seguidores produtivos que trabalharão independentemente e precisarão da mínima atenção do superlíder.
4. LIDERANÇA EMPREENDEDORA – É aquela que se baseia na atitude do líder como dono da empresa, portando-se como se estivesse assumindo os riscos pelos erros e pelos acertos na organização.

Alguns fatores podem contribuir para a redução da necessidade de liderança:

- subordinados com capacidade, experiência, educação e motivação interior;
- o fato de as características da tarefa serem rotineiras;
- características como coesão do grupo e alto grau de formalização.

Segundo a linha do pensamento contemporâneo em relação à liderança, é interessante que a sobreposição desses quatro estilos de liderança seja apontada como a mais eficaz. Isso porque o estilo de liderança depende da situação a ser enfrentada, do grupo que vai enfrentá-la, dos objetivos que se quer atingir e do tipo de tarefa ou atividade que deve ser desempenhado. Portanto, essa sobreposição de estilos reflete a adequação ao momento da organização, à situação ou ao desafio determinado para se enfrentar, à capacidade e à situação do grupo em determinado momento e à realidade externa que influencia diretamente o funcionamento da organização.

Surgiu ainda um novo estilo na atualidade que se tornou um grande desafio e que goza de muita popularidade – a LIDERANÇA SERVIDORA. Passou a ter notória popularidade e expressão, principalmente a partir do livro *O monge e o executivo – uma história sobre a essência da liderança*, de James C. Hunter. Essa nova visão de liderança propõe que o líder deve ser humilde, encarando as mesmas tarefas assumidas pelo grupo, bem como valorizar muito o desempenho das pessoas, usando a autoridade e não o poder, de modo a cultivar, assim, a ação das pessoas por livre e espontânea vontade. Acima de tudo, o poder deve ser partilhado, visando sempre ao bem-estar das pessoas e servindo-as no amor e na abnegação.

Na liderança servidora, a autoridade é definida como a habilidade de levar as pessoas a fazerem de boa vontade aquilo que se quer que façam. Já o poder é definido como a faculdade de fazer com que elas ajam de determinada maneira em função da influência recebida de alguém que tem força, poder, sendo que, se assim não fosse, não o fariam. Nessa linha teórica, o amor do líder aos seus colaboradores se manifesta no dia a dia, por meio do seu caráter e da busca de satisfazê-los acima de tudo, inclusive em detrimento das próprias necessidades do líder. Hunter (2004) explica que

Liderança e amor são questões ligadas ao caráter. Paciência, bondade, humildade, abnegação, respeito, generosidade, honestidade, compromisso. Estas são qualidades construtoras do caráter, são os hábitos que precisamos desenvolver e amadurecer se quisermos nos tornar líderes de sucesso, que vencem no teste do tempo.

Portanto, são muitos os estudos que nos levam a acreditar que, além das qualificações de gerenciamento, são necessárias também as qualidades de liderança. Tudo isso para que cada vez mais se alcancem os resultados esperados e se concretizem os objetivos de uma organização, sem que se deixe de lado a importância do relacionamento interpessoal do líder/chefe ou simplesmente líder – que deve considerar as necessidades dos seus colaboradores, respeitando-os, incentivando-os e reconhecendo-os – e das muitas características, que nos reportam às coisas simples que tornam alguém um líder de sucesso. A busca no exemplo de Jesus inclusive, para exemplificar a liderança servidora, leva-nos a crer em uma nova visão de amor possível no ambiente de trabalho – como fonte de autoridade (e não de poder) e de sucesso.

Atividades

Responda às questões a seguir.

1. O poder é necessariamente maquiavélico?
2. Explicite a ideia central da teoria contingencial, de Fiedler, a respeito da liderança.
3. Caracterize a liderança servidora.
4. Identifique os quatro estilos de liderança, apontados por Certo, apresentando situações organizacionais que os caracterizem.
5. O que define o organograma de uma empresa?
6. Poder e liderança se complementam ou se opõem? Explique.

(8)

Planejamento e empreendedorismo

Sonia Beatriz Bagatini

Neste capítulo, vamos tratar de uma das funções básicas da administração – o planejamento –, destacando a sua contribuição para o sucesso pessoal e organizacional. Posteriormente, estabeleceremos as necessárias articulações dessa função com as rupturas e/ou releituras provocadas no modo de produção capitalista. Em um mundo de economia globalizada, em que o emprego é cada vez mais escasso, as iniciativas empreendedoras podem contribuir para reduzir o impacto social resultante, obrigando segmentos da população mundial a migrarem em busca de trabalho e renda.

Analisaremos, ainda, como o desenvolvimento pessoal pode colocar a administração e a tecnologia a nosso favor. Ao final do estudo, lançaremos algumas questões para a reflexão, de maneira a instigar a procura de outros subsídios, visando à fixação do conteúdo programático apresentado.

(8.1)
Definições de planejamento

Suponhamos que alguém tenha adquirido uma casa, mas as condições físicas do imóvel exigem que seja feita uma reforma para atender, minimamente, suas necessidades de conforto e segurança na nova moradia.

O primeiro passo é definir COMO será realizada essa reforma. Provavelmente, a pessoa tenha um esboço do resultado a que quer chegar, sem ter muita clareza disso. É uma das alternativas possíveis. Então, contando com uma boa dose de sorte, a pessoa tem chance de terminar a reforma atingindo os objetivos que foram rapidamente delineados naquele esboço.

A alternativa com menos riscos é fazer a reforma da casa com planejamento. Se a opção do indivíduo for a segunda alternativa, então, literalmente, mãos à obra!

Primeiramente, será necessário definir o que ele pretende reformar: o imóvel todo ou somente uma parte? É preciso que o imóvel esteja desocupado? A reforma será feita por ele mesmo, contando com a ajuda dos amigos e do tempo que tiver disponível, ou serão contratados serviços de terceiros especializados? Qual o material necessário para viabilizar a obra? Quem fará a cotação de preços, a escolha dos fornecedores e a compra efetiva do material?

O(s) fornecedores(s) entregarão o material na obra ou ele será retirado no depósito da loja? De que recursos financeiros a pessoa dispõe? Será utilizada a poupança acumulada ou será necessário buscar crédito em instituição financeira? Qual o tempo estimado para a conclusão da obra? As condições meteorológicas indicam uma probabilidade de estiagem ou um período de chuvas?

Enfim, o repertório de perguntas poderia ser ampliado, com um maior nível de detalhamento, mas a intenção aqui é tão-somente fazer um breve exercício de planejamento, mesmo que de um evento relativo ao âmbito doméstico, para, posteriormente, serem traçados os planos de ação.

Resguardadas as devidas proporções, vamos adentrar, conceitualmente, no nosso tema, examinando a função de planejamento no mundo das organizações, as quais, evidentemente, convivem com um nível de complexidade em grande escala. Existem muitas pessoas envolvidas; a tecnologia exige a renovação frequente de máquinas e equipamentos, bem como a substituição de *softwares*; há pressões do ambiente externo no plano dos consumidores, da comunidade, dos governos, da legislação e do mercado. É preciso atingir objetivos, aumentar a qualidade dos produtos ou serviços e manter a competitividade.

Para Certo (2003, p. 4),

> toda empresa existe para um determinado propósito ou objetivo, e os gerentes são responsáveis por combinar e utilizar os recursos de que dispõe a organização para garantir que essas empresas alcancem seus propósitos. Caso as atividades sejam planejadas com eficiência, a produção individual de cada trabalhador contribuirá para o alcance dos objetivos da empresa.

Ainda segundo Certo (2003, p. 5-6), há quatro funções básicas da administração:

1. PLANEJAMENTO – Planejar envolve a escolha de tarefas que devem ser desempenhadas a fim de se atingirem os objetivos da empresa, a descrição de como as tarefas precisam ser executadas e a indicação de quando executá-las. A atividade de planejar enfoca a realização de metas.
2. ORGANIZAÇÃO – É o ato de designar a vários indivíduos ou grupos da empresa as tarefas desenvolvidas durante o planejamento. Organizar cria um mecanismo que coloca os planos em andamento. Os funcionários recebem tarefas que contribuem para os objetivos da empresa.
3. INFLUÊNCIA – Também citada como sinônimo de *motivação, liderança, comando, direção* ou *força de vontade*, a influência diz respeito primeiramente aos funcionários de uma empresa e, em última instância, tem como fim aumentar a produtividade.
4. CONTROLE – É a função administrativa por meio da qual os gerentes reúnem informações que medem o desempenho recente da empresa, comparam o desempenho atual com padrões preestabelecidos e determinam, com base nessa comparação, se a empresa deve implementar mudanças para alcançar tais padrões.

(8.2)
Importância do planejamento para o sucesso profissional e organizacional

Para atingir o sucesso organizacional e, consequentemente, de todos os empregados envolvidos no processo de planejamento, Certo (2003, p. 105-106) identifica seis etapas a serem atingidas:

1. definir os objetivos organizacionais;
2. enumerar formas alternativas de atingir os objetivos;
3. desenvolver premissas sobre as quais cada alternativa se baseia;
4. escolher a melhor alternativa para atingir os objetivos;
5. desenvolver planos para perseguir a alternativa escolhida – estratégicos (de longo prazo) e táticos (de curto prazo);
6. colocar os planos em ação.

A etapa de implementação dos planos é relevante para checar a efetividade das etapas anteriores e propiciar os ajustes necessários para redefinições.

(8.3)
Definição de empreendedorismo

À beira do mar, lá estão os empreendedores da areia do Rio. São barraqueiros, ambulantes, terapeutas corporais e professores de esportes que fazem da praia um negócio que movimenta R$ 50 milhões por mês no verão – quase o dobro das cifras do inverno, calcula o Sebrae-RJ. É gente que trabalha de olho no bolso dos cerca de dois milhões de banhistas que lotam as praias cariocas num típico dia de sol. (Ribeiro, 2006)

Cena corriqueira na orla carioca, tudo foi iniciado, há mais de cinco décadas, com a venda do Matte Leão e do biscoito de polvilho Globo, doce ou salgado. O Matte Leão continua nas praias, mas também em quiosques nos *shoppings*. O biscoito Globo não. Não existe outro ponto-de-venda, senão nas praias, e a embalagem é a mesma, não tem propaganda do produto. Esse produto faz parte da tradição do Rio e representa, por si só, um caso típico de uma iniciativa empreendedora.

Depois surgiram os ambulantes de sorvete, cangas, bronzeadores, óculos de sol e artesanato, ganhando o volume que o texto citado anteriormente revela. Existem ainda os quiosques no calçadão, explorados comercialmente a partir de concessão da Prefeitura do Rio de Janeiro.

Mas o que é empreendedorismo e quais são as características desses empreendedores? Segundo Bueno (2005, p. 68),

> *o termo empreendedorismo originou-se na França, onde Richard Cantillon, de origem irlandesa, refugiou-se após a queda dos Stuarts. Utilizou a palavra* **entrepreneur** *na teoria econômica para designar aqueles que trabalhavam por conta própria, que eram inovadores, que corriam riscos, que compravam matéria prima por um preço certo para revender a preço incerto.*

Porém, entre as várias definições encontradas para a ação empreendedorista, parece ser a de Joseph Schumpeter (1978), economista austríaco, que introduz um novo elemento conceitual:

> *o empreendedor é o responsável pelo processo de* DESTRUIÇÃO CRIATIVA, *o impulso fundamental que aciona mantendo em marcha o motor capitalista criando novos produtos, novos métodos de produção, novos mercados e sobrepondo-se aos antigos métodos menos eficientes e mais caros.* [grifo nosso]

É possível deduzir, então, que Schumpeter associa a ideia de destruição criativa ao movimento instituinte de um novo paradigma que será incorporado ao sistema de produção.

(8.4)
Características do empreendedor

Vários autores enumeram aspectos que caracterizam o perfil do empreendedor. Entre eles, Navarro (2000, p. 90-91) parece resumir as características mais relevantes do comportamento do empreendedor moderno, descrevendo seus atributos.

- *INICIATIVA E BUSCA DE OPORTUNIDADES* – *Atento, o empreendedor se antecipa aos acontecimentos e se prepara para qualquer circunstância. Mantém-se informado e é capaz de identificar novas oportunidades.*
- *PERSISTÊNCIA* – *Não desiste diante de um obstáculo. Ao contrário, busca formas de contorná-lo ou superá-lo, assumindo responsabilidade pelos métodos utilizados para alcançar suas metas.*
- *AVALIAÇÃO DOS RISCOS* – *Sabe calcular os riscos, diminuindo o seu impacto, e avaliar as possibilidades, de modo a controlar os resultados esperados. Por isso, não teme situações desafiantes ou riscos moderados.*
- *CRIATIVIDADE* – *É capaz de encontrar soluções melhores, às vezes surpreendentes. Produz qualidade e excelência.*
- *COMPROMETIMENTO* – *Empenha-se na realização de seu sonho. Está comprometido com a concretização de seus projetos (pessoais e profissionais), mesmo que exijam sacrifícios ou esforços extraordinários.*
- *PLANEJAMENTO* – *Nenhuma ação é deixada ao acaso: estabelece metas específicas, mensuráveis, atingíveis, relevantes e tangíveis; planeja cada passo, mas está sempre pronto a mudar os planos com base em uma análise cuidadosa do cenário em que se movimenta.*

- **Capacidade de persuasão** – Um empreendedor sabe utilizar os mais diferentes instrumentos para conquistar adeptos e apoio para suas ideias.
- **Autonomia** – Seguro, é capaz de manter seu ponto de vista mesmo diante da oposição ou de resultados desfavoráveis.

Dornelas, citada por Bueno (2005, p. 68), afirma:

Nesse mesmo sentido, movimento sobre empreendedorismo tomou forma apenas da década de 90 quando o Sebrae (Serviço Brasileiro de Apoio às Micro e Pequenas Empresas) e a Softex (Sociedade Brasileira para a exportação de Software) foram criados... Foi com estas ações, em conjunto com as incubadoras de empresas e faculdades de computação e informática, que o tema empreendedorismo deslanchou no Brasil.

Característica high tech

O termo *high* significa "alto(a)" e *tech* é uma corruptela da palavra *technology* (tecnologia). Para Navarro (2000, p. 96),

outra habilidade bastante valorizada no atual mercado de trabalho é a capacidade de dominar a tecnologia (high tech). *Em um grande número de atividades, não se concebe mais um profissional que não saiba lidar com um computador ou extrair dele o máximo.*

A propósito das mudanças ocorridas nas últimas décadas com a era da informatização e a revolução provocada com as novas tecnologias, vamos nos reportar aqui a uma situação particular, mas que ilustra bem esse panorama ao qual estamos nos referindo.

Recentemente, um amigo que reside no Rio de Janeiro veio a Porto Alegre, após 18 anos da última visita. Com a situação do "apagão aéreo", decidiu fazer a viagem de ônibus, cuja duração é de, aproximadamente, 24 horas. Em determinado momento, conversamos sobre suas impressões sobre a cidade, que conhecera naquela primeira visita, o percurso da viagem, até que chegamos ao momento de comentar as mudanças que aconteceram nesse período de tempo, principalmente em relação ao avanço da tecnologia.

Lembramo-nos de que, na primeira viagem, falamos por telefone durante o percurso, mas, naquele tempo, a única possibilidade de contato era através do velho orelhão, nos intervalos em que o ônibus parava para substituição do motorista ou para fazer alguma refeição. Agora, entramos em contato por toda a viagem por meio da telefonia móvel. Aliás, o aparelho celular não foi usado somente para ligações telefônicas, mas também para o registro de imagens de todo o trajeto.

No período em que esteve em Porto Alegre, enviou pela internet, com uma frequência quase que diária, as fotografias que havia tirado durante os passeios. Instantaneamente, os parentes cariocas acompanharam sua movimentação na cidade. Os mais velhos queriam o registro das fotos à moda antiga e lá foi ele para o *shopping*, com o *pen drive*, uma das funções do seu MP3, para reproduzir (e não mais revelar o filme) as imagens em papel.

No marco de duas décadas, assistimos à transição do disco de vinil para o CD, do videocassete para o DVD, da TV analógica para a TV digital, do projetor de *slides* para o *data show*. Esses são apenas alguns exemplos. Toda essa mudança provoca alterações também no modo de reprodução da informação, gerando o fenômeno da pirataria, entre outras questões polêmicas. Instantaneidade, interatividade, mobilidade e multiplicidade são características da existência virtual.

Esse cenário traz consigo dilemas a serem superados em várias áreas da vida em sociedade, em relação ao impacto provocado nas esferas do consumo e da convivência.

Poderíamos citar algumas dessas repercussões, como, por exemplo, no campo da educação, da ética, da economia, do aparato jurídico e, principalmente, no que diz respeito à exigência de adaptação permanente do ser humano a novas situações. A dificuldade de acesso à alta tecnologia e à falta de capacitação para operar as novas ferramentas, que são lançadas como um *tsunami*, provocam no sujeito um sentimento de exclusão, de não pertencimento e um estado de ansiedade latente.

É com essa rápida reflexão que passamos para o próximo subtítulo.

Característica high touch

Em inglês, o verbo *to touch* significa "tocar, entrar em contato", permitindo a associação com outros sentidos figurativos por meio de expressões idiomáticas. Navarro (2000, p. 90-91) refere-se a *high touch* como uma alta habilidade de percepção da realidade: precisamos estar atentos não apenas a nós mesmos e ao ambiente em que nascemos, crescemos e vivemos, mas também, e com igual dedicação, ao espaço que se estende além de nossas fronteiras geográficas e políticas.

Descreve, então, algumas características da personalidade humana que podem propiciar a percepção da realidade:

- FLEXIBILIDADE – *Permite travar conhecimento com outras realidades, enfrentá-las, perceber de que forma elas atuam sobre nós e o ambiente, reconhecer quando devemos acolhê-las.*
- PRONTIDÃO – *É necessário estar sempre alerta e pronto para o que der e vier, mesmo que seja necessário começar de novo.*

- Disponibilidade – É preciso estar inteiramente disponível para as mais variadas situações, sem prejulgamentos, para poder responder a elas com velocidade.
- Capacidade de improvisação – É um complemento da prontidão e da disponibilidade, imprescindível para trabalharmos com o novo e com as mudanças.
- Capacidade de diagnóstico – Sem esse atributo, torna-se impossível determinar com clareza o que está ocorrendo e o que precisa ser feito.
- Curiosidade – É por meio dessa característica que alimentamos nossos conhecimentos, fortalecemos nosso interesse pelo mundo e pelas pessoas.
- Diálogo – As parcerias bem-sucedidas resultam de um processo de comunicação bem empreendido, baseado em honestidade, clareza e transparência. Não basta saber falar. É igualmente importante ouvir, ponderar sobre o que se ouviu e responder, ou emitir sua opinião, só depois de uma reflexão isenta de prejulgamentos.
- Bom relacionamento intrapessoal, interpessoal e transpessoal – Devemos buscar harmonia e equilíbrio interiores, que se refletirão, de maneira positiva, na relação com as pessoas.
- Capacidade de gerenciar a própria vida – Não podemos ter a pretensão de levar adiante uma tarefa ou de nos relacionarmos bem com os outros se nem conseguimos cuidar da própria vida.
- Liderança – Todos somos líderes em potencial, em determinadas circunstâncias. Se temos capacidade para manter a vida pessoal sob controle, decerto temos capacidade para liderar um grupo ou uma atividade. É preciso, no entanto, saber reconhecer quando podemos – e devemos – assumir a liderança e quando é mais importante sermos liderados.

Além de todas essas características estudadas neste capítulo, a inteligência emocional tem sido apontada como fundamental para o perfil do bom profissional ou do profissional de sucesso.

Inteligência emocional

No Brasil, as discussões sobre inteligência emocional aconteceram no início da década de 1990, especialmente com o lançamento do livro *Inteligência emocional*, de Daniel Goleman. O livro liderou por longos meses a lista dos mais vendidos, demonstrando o interesse que o tema despertou. Depois surgiram outros títulos, aplicando-se o conceito de inteligência emocional às organizações.

Para o senso comum, a noção de inteligência sempre esteve associada à faculdade de aprender e compreender o mundo pela ótica da razão. Não é por acaso que muitas pessoas temem passar por testes psicotécnicos, utilizados ainda hoje, em processos de seleção de pessoal. Parece que a testagem somente dá conta de avaliar parte da capacidade das pessoas, principalmente aquelas que são tangíveis, porque mensuráveis, em detrimento de outras habilidades e aptidões.

A esse respeito, cabe destacar um trecho da biografia de Mané Garrincha, considerado um gênio do futebol brasileiro, na série "O Brasileiro do Século", da revista *Isto É* (2007):

> Na opinião de treinadores, preparadores físicos, médicos e psicólogos, Manoel Francisco dos Santos, o Mané Garrincha, nascido em 28 de outubro de 1933, no interior do Rio de Janeiro tinha tudo para dar errado. Os testes psicotécnicos da Seleção Brasileira estabeleciam um mínimo de 123 pontos. Garrincha nunca ultrapassou 38... Garrincha era assim, desmoralizava até os testes psicotécnicos.

De acordo com Cooper e Sawaf (1997, p. 18), "a inteligência emocional é a capacidade de sentir, entender e aplicar o poder e a perspicácia das emoções como uma fonte de energia, informação, conexão e influências humanas".

Para Goleman (1995, p. 13),

> *as novas descobertas sobre a arquitetura emocional do cérebro oferecem uma explicação daqueles momentos mais desconcertantes de nossas vidas, quando o sentimento esmaga toda a racionalidade. A compreensão da interação das estruturas do cérebro, que comandam nossos momentos de ira e medo – ou paixão e alegria – revela muita coisa sobre como aprendemos os hábitos emocionais.*

Segundo esses autores, com base nas pesquisas da neurociência, é na infância que modelamos os circuitos emocionais, tornando-nos mais aptos ou inaptos nos fundamentos da inteligência emocional.

Na convivência profissional com crianças e adolescentes que sofreram violência intrafamiliar – maus-tratos físicos e psicológicos, abuso sexual e negligência grave –, temos comprovado os danos que as privações de ordem física e emocional na infância podem causar. Surgem dificuldades no processo de aprendizagem, distúrbios de sexualidade e desvios de conduta. Se não há intervenção no sentido de reconstituir vínculos afetivos fragilizados e oferecer as condições adequadas para o pleno desenvolvimento físico e psicológico dessas crianças, a perspectiva de sofrerem repercussões negativas na vida adulta é muito grande. Tornam-se pessoas com baixa autoestima, dificuldades no relacionamento interpessoal, risco de dependência química, entre outras manifestações, tendendo à vulnerabilidade pessoal e social.

Mayer, citado por Goleman (1995, p. 61-62), descreve os estilos típicos que as pessoas tendem a adotar para acompanhar e manejar suas emoções, os quais descrevemos a seguir.

- AUTOCONSCIENTES – *Conscientes de seus estados de espírito no momento em que ocorrem, essas pessoas, compreensivelmente, têm certa sofisticação em relação a suas vidas emocionais. A clareza com que sentem suas emoções pode reforçar outros traços de personalidade: são autônomas e seguras de seus próprios limites, gozam de boa saúde psicológica e tendem a ter uma perspectiva positiva da vida. Quando entram num estado de espírito negativo, não ruminam nem ficam obcecadas com isso e podem sair dele mais cedo. Em suma, a vigilância delas ajuda-as a administrar suas emoções.*

- MERGULHADAS – *São pessoas muitas vezes inundadas por suas emoções e incapazes de escapar delas, como se seus estados de espírito houvessem assumido o controle. São instáveis e não têm muita consciência dos próprios sentimentos, de modo que se perdem neles, em vez de ter alguma perspectiva. Em consequência, pouco fazem para tentar escapar a esses estados de espírito negativos, achando que não têm controle sobre sua vida emocional. Muitas vezes se sentem esmagadas e emocionalmente descontroladas.*

- RESIGNADAS – *Embora essas pessoas muitas vezes vejam com clareza o que estão fazendo, também tendem a aceitar seus estados de espírito e, portanto, não tentam mudá-los. Parece haver dois ramos do tipo resignado: os que estão geralmente em bons estados de espírito e por isso pouca motivação têm para mudá-los, e os que, apesar de verem com clareza seus estados de espírito, são suscetíveis aos maus e os aceitam com uma atitude de* laissez-faire, *nada fazendo para mudá-los, apesar da aflição que sentem – um padrão encontrado entre, digamos, pessoas deprimidas que se resignam ao seu desespero.*

Certamente as pessoas do perfil autoconsciente se enquadram nas características de um bom nível de inteligência emocional, a qual é requisito hoje para muitos cargos e funções nas organizações e serve para uma melhor qualidade de vida nas interações sociais. Além da habilidade de lidar ou manejar com as emoções, a inteligência emocional consiste na integração das seguintes capacidades:

- EMPATIA: habilidade em compreender o sentimento dos outros, de se colocar no lugar do outro;
- SOCIABILIDADE: começar e preservar amizades, relacionar-se bem, sentir-se bem entre elas e tratá-las com cordialidade;
- AUTOMOTIVAÇÃO: persistência, força e entusiasmo pela vida;
- AUTOCONTROLE: habilidade de controlar e agir com cautela diante das situações frustrantes, capacidade de ponderação;
- AUTOCONSCIÊNCIA: capacidade de refletir e analisar os próprios sentimentos.

É importante compreender que a inteligência emocional, que integra capacidades sociais, tem sido considerada, em muitos casos, mais importante do que as capacidades técnicas e de conhecimento. A valorização desse tipo de inteligência nas organizações leva à reflexão de que realmente as interações com as outras pessoas e com grupos atingiram sem dúvida, na atualidade, o primeiro lugar no perfil do ser humano e do profissional de sucesso.

Atividades

1. Defina as quatro funções básicas da administração.
2. Que etapas devem ser cumpridas para qualificar a ação de planejar?
3. O que caracteriza, de maneira relevante, o empreendedorismo?
4. Comente algumas das características *high touch*.
5. O que é inteligência emocional?
6. Que capacidades são essenciais para o desenvolvimento da inteligência emocional?

Referências

AJURIAGUERRA, J. de; MARCELLI D. *Manual de psicopatologia infantil*. Porto Alegre: Artes Médicas, 1986.

BERGAMINI, C. W. *Psicologia aplicada à administração de empresas*: psicologia do comportamento organizacional. 3. ed. São Paulo: Atlas, 1982.

BERGERET, J. *A personalidade normal e patológica*. Porto Alegre: Artes Médicas, 1988.

BOWLBY, J. *Cuidados maternos e saúde mental*. São Paulo: M. Fontes, 1995.

BUENO, J. L. P. *O empreendedorismo como superação do estado de alienação do trabalhador*. Florianópolis, 2005. 165f. Tese (Doutorado em Engenharia de Produção) – Programa de Pós-Graduação em Engenharia de Produção, UFSC.

CASTELLS, M. *A sociedade em rede* – a era da informação: economia, sociedade e cultura. v. 1, São Paulo: Paz e Terra, 1999. V. 1.

CERTO, S. C. *Administração moderna*. 9. ed. São Paulo: Prentice-Hall, 2003.

CHIAVENATO, I. *Introdução à teoria geral da administração*. 2. ed. Rio de Janeiro: Campus, 2000.

CONDE, L. M. R. *Liderança e identidade potente*: uma perspectiva para gerência compartilhada. Florianópolis, 2004. 160f. Tese (Doutorado em Engenharia de Produção) – Programa de Pós-Graduação em Engenharia de Produção, UFSC.

COOPER, R.; SAWAF, A. *Inteligência emocional na empresa*. Rio de Janeiro: Campus, 1997.

DEJOURS, C. *A loucura do trabalho*: estudo de psicopatologia do trabalho. São Paulo: Oboré, 1987.
ERIKSON, E. H. *Infância e sociedade*. Rio de Janeiro: Zahar, 1976.
FIEDLER, F. E. *A Theory of Leadership Effectiveness*. New York: McGraw Hill, 1967.
FLEURY, M. T. L.; FLEURY, A. *Aprendizagem e inovação organizacional*: as experiências de Japão, Coreia e Brasil. 2. ed. São Paulo: Atlas, 1997.
FLEURY, M. T. L.; FISCHER, R. M. *Cultura e poder nas organizações*. 2. ed. São Paulo: Atlas, 1996.
FOGUEL, S.; SOUZA, C. C. *Desenvolvimento organizacional*. São Paulo: Atlas, 1985.
FOUCAULT, M. *Microfísica do poder*. Rio de Janeiro: Edições Graal, 1979.
FREITAS, M. E. de. *Cultura organizacional*: identidade, sedução e carisma? 3. ed. Rio de Janeiro: FGV, 2002.
FREUD, A. *O ego e os mecanismos de defesa*. Rio de Janeiro: Biblioteca Universal Popular, 1968.
FREUD, S. *Obras completas de Sigmund Freud*: o futuro de uma ilusão. O mal-estar na civilização. Rio de Janeiro: Imago, 1974.
GIDDENS, A. *As consequências da modernidade*. São Paulo: Unesp, 1991.
_____. *Modernidade e Identidade*. Rio de Janeiro: Zahar, 2002.
GOLEMAN, D. *Inteligência emocional*. Rio de Janeiro: Objetiva, 1995.
HUNTER, J. C. *O monge e o executivo*: uma história sobre a essência da liderança. Rio de Janeiro: Sextante, 2004.
ISTO É. O Brasileiro do Século. Disponível em: <www.terra.com.br/istoe/biblioteca/brasileiro/esporte>. Acesso em: 10 set. 2007.

KOLB, L. *Psiquiatria clínica*. 9. ed. Rio de Janeiro: Interamericana, 1977.
MACHADO, R. Por uma genealogia do poder. In: FOUCAULT, M. *Microfísica do poder*. Rio de Janeiro: Edições Graal, 1979.
MAILHOT G. B. *Dinâmica e gênese dos grupos*. São Paulo: Duas Cidades, 1970.
MAQUIAVEL. N. *O príncipe*. Porto Alegre: L&PM, 1999.
MARTINS, C. B. *O que é sociologia*. São Paulo: Brasiliense, 2004. (Coleção Primeiros Passos).
MINTZBERG, H. *Criando organizações eficazes*: estruturas em cinco configurações. São Paulo: Atlas, 1995.
MORGAN, G. *Imagens da Organização*. São Paulo: Atlas, 1996.
MOSCOVICI, F. *Desenvolvimento interpessoal*. 3. ed. Rio de Janeiro: LTC, 1995.
_____. *Renascença organizacional*: a revalorização do homem frente à tecnologia para o sucesso da nova empresa. 5. ed. Rio de Janeiro: J. Olympio, 2003.
NAVARRO, L. *Talento para ser feliz*. 13. ed. São Paulo: Gente, 2000.
OSÓRIO, L. C. *Psicologia grupal*: uma nova disciplina para o advento de uma era. Porto Alegre: Artmed, 2003.
RAMOS, A. G. *A nova ciência das organizações*: uma reconceituação da riqueza das nações. Rio de Janeiro: FGV, 1981.
RIBEIRO, F. Empreendedores das praias cariocas. *Jornal O Globo*. Rio de Janeiro, 12 fev. 2006. Disponível em: <http://www.empreenderparatodos.adm.br/vida/mat_10.htm>. Acesso em: 10 set. 2007.
SCHUMPETER, J. A. *The theory of economic developmente*. Oxford: Oxford University Press, 1978.

Gabarito

Capítulo 1

1. V, F, V, F, V, F, V, V.

Capítulo 2

1. Para caracterizar esse conceito, você pode analisar o texto da Seção 2.1 deste livro.
2. Na Seção 2.2, você encontra a base teórica para responder esta questão.
3. Nesta questão, você também deve ler e refletir sobre as duas primeiras seções do capítulo.
4. Esta questão diz respeito ao conteúdo do subtítulo "Mecanismos de defesa". Leia-o atentamente e reflita para responder.
5. No subtítulo "Objeto transicional" você encontra o conteúdo necessário para analisar e responder esta questão.
6. No subtítulo "Supostos básicos e o funcionamento das organizações" está a parte teórica para você refletir sobre ela e responder esta questão.
7. No subtítulo "Inconsciente coletivo" estão todos os subsídios teóricos para responder esta questão. Leia-o atentamente e reflita.

Capítulo 3

1. Resposta pessoal.

Capítulo 4

1.
a. Fenômenos psíquicos, inconscientes.
b. Transferência.
c. Imaginário.
d. Idealização, identificação.
e. Labormania.

Capítulo 5

1.
a. Fases, consequência.
b. *Id*, ego, superego.
c. Necessidades, personalidade.
d. Fisiológicas, segurança, afetivas-sociais, estima, autorrealização.
e. Psicológicas.

Capítulo 6

1.
a. Com a leitura da Seção 6.1, você poderá descrever o que é solicitado nesta questão.
b. O conteúdo solicitado por esta questão está nas seções 6.2 e 6.3.
c. Na Seção 6.3 você encontra o conteúdo necessário para responder esta questão
d. Idem à questão *c*.

Capítulo 7

1. A resposta a esta questão você pode encontrar no início do capítulo, quando apresentamos, sinteticamente, a doutrina sobre o poder, encontrada no livro *O Príncipe*, de Nicolau Maquiavel e, ainda, na parte em que Roberto Machado comenta as ideias de Michel Foucault a respeito da genealogia do poder.
2. A teoria contingencial está explicitada na Seção 7.4.
3. O conteúdo desta resposta encontra-se na Seção 7.4.
4. A resposta pode ser identificada no fim do capítulo.
5. Esta resposta você encontra no final da Seção 7.2.
6. A resposta à questão proposta é a conclusão da discussão apresentada neste capítulo.

Capítulo 8

1. A resposta pode ser localizada na Seção 8.1.
2. A resposta pode ser obtida na Seção 8.2.
3. Na Seção 8.3 você encontra subsídios para formular sua resposta.
4. Esta resposta você localiza no subtítulo "Características *high touch*".
5. No início do subtítulo "Inteligência emocional" está a resposta para esta questão.
6. A resposta está disponível no final do capítulo.

Os papéis utilizados neste livro, certificados por instituições ambientais competentes, são recicláveis, provenientes de fontes renováveis e, portanto, um meio responsável e natural de informação e conhecimento.

FSC
www.fsc.org
MISTO
Papel produzido a partir de fontes responsáveis
FSC® C074432

Impressão: Maxi Gráfica
Junho / 2018